「中国料理」に魅せられて

東西南北・春夏秋冬

中国料理研究家
瀧　満里子 著
コーディネーター　遠山詳胡子

はじめに

現在中国料理への関心が高まってきています。「町中華」と呼ばれる日本人向けにアレンジされた料理を手軽に楽しんで頂ける事はとても嬉しく思います。と同時に、何百種類もある本格的な「中国料理」にも是非チャレンジして頂きたいとも願っています。

中国を訪れる際にも、地方色豊かな様々な料理を是非堪能して頂きたいものです。

しかし中国料理の調理に関する書籍は多いものの、中国料理の食文化やその背景等に言及している書籍は少ないようです。

中国料理の様々な内容に接したら、日本でも中国でもメニューを見ながら好みの料理をオーダーできるようになり、食事の世界が飛躍的に広がる事でしょう。

またマナーを知ると、仕事でもプライベートでも中国料理を心置きなく楽しんで頂けるようになり、また中国の方達への理解と交流にも繋がると思います。

そこで四十五年以上「中国料理」に魅せられて、日本や中国等で旅行や食事会の企画をし続けてきた体験とそこから知り得た事を、時には旅便りも織り交ぜながら、楽しくお伝えしたいと思います。尚、中国語は基本的に北京語読みとしております。

本書が少しでもお役に立てば、幸いです。

第一章　日本と本場の中国料理

町中華

コロナ禍において各業界が多かれ少なかれ打撃を受けている中、飲食業に関わる料理界においては尚更の事でした。そのような時にテレビ番組で取り上げられる町中華は、私にとって興味津々の存在で、結構楽しませて頂きました。

番組では、ご飯に合いそうな料理的なものを組み合わせて紹介していました。餃子やシュウマイもとてもご飯に合う美味しい食べ物なので、日本人好みだと思います。

しかしながら、これが現在の中国料理の現状かと思うと悲しい気持ちにもなりました。町中華で紹介された内容に、中国料理と呼べるものがあまりなかったからです。

「えっ?」と思われる方も多いと思います。

しかし「中国の食体系」の表をご覧頂くと、一目瞭然です。

町中華の番組で紹介された殆《ほとん》どは「小菜（お手軽料理）」と「宴席料理」の中の飯菜と点心類でした。中国料理のほんの一部と言ってもいいでしょう。

安くて美味しい町中華は、栄養素的にはたんぱく質も野菜も入っていますが、主材料は

中国の食体系

宴席料理	①果子碟（茶うけ・酒のつまみ） 　乾果子（ドライフルーツ） 　木の実（ナッツ類） ②前菜（熱・温・冷） 　熱炒 ③頭菜（高級乾貨等を使った料理） ④大菜（メイン料理） 　魚介類や家禽類、肉類を使った料理 　素菜（野菜や豆腐製品等を使った料理） 　座菜（魚一尾等を使った最期に出る料理や鍋、スープ料理） ⑤飯菜 　白飯とおかず料理・麺・飯 ⑥点心 　咸点心（塩味の点心） 　甜点心（甘味の点心） ⑦甜菜（甘い料理・デザート） 　甜湯（甘いスープ・デザート） 　水果（フレッシュフルーツ）
家常菜	家庭料理　お惣菜
小　菜	お手軽料理　おつまみ程度の小料理

穀物類になりますので、お腹いっぱいになると同時にカロリーの摂取量も多くなってしまいます。

是非そのお店お薦めの一品料理を追加してみてください。栄養バランスが良くなり、食事の構成も豊かになり、またそのお店の地方色を知る事にもなります。

ある程度の人数が集まったら、前菜や料理を数品オーダーする事で小宴席のコースにもできます。

また、気になる中国料理店があったら中国料理のコースを是非一度食べてみてください。最近は二人から食べられる店もあります。ご家族やご友人と、特別な日や楽しい機会を作り楽しんで頂ければ幸いです。

レストランが企画する「季節のイベント」でしたら、お一人で参加できます。

私は「一人でも美味しい中国料理を食べられる会」を発起して、今も続けています。

皆様にもっと中国料理店の美味しい料理を食べて欲しいと、心から願っているからです。

日本の中国料理

日本の寿司がアメリカや東南アジアではどのように作られているのかをテレビ等で観ると、あまりの違いにびっくりしてしまいます。

では、中国料理の世界での広がりやその違いはどうなっているのでしょう。私はそれを知りたくて、欧米や東南アジア等に旅をする時には、現地の中国料理を必ず食べるように心がけています。ディナーの機会がない時はランチタイムを取ってでも食べに行くのです。

アメリカのチャイナタウンは別として、個人経営の料理店では頼んだメニューと実際に出てきた料理が違う事が珍しくありません。メニュー名が正確でない事もあります。中国人が作っていても二世三世とそこで長年生活している中で、中国人自身がその国の気候風土に溶け込み、本来の味にもメニュー名にも頓着《とんちゃく》しなくなった事も一因だと思われます。

このように海外の中国料理を食べてみると、日本の中国料理がもっとも優れていると感じます。そしてその背景には、日本の中国料理界のたゆまぬ努力があるのです。

私が中国料理の道を志した頃、勉強方法をいろいろと模索しました。

一つは、四川料理を日本に広めた四川飯店の（故）陳建民大師傅（シェフ）が四川料理グループを統括され、一般の方達にも料理を教え、教育者を育てていらした活動でした。

もう一つは「書籍文物流通会」の中国部門が開催していた、中国料理研究会主催の料理講習会と有名料理店の試食会です。数多くの料理を食して学びたい私は、統括されていた木村春子先生に大変お世話になりました。

当時は広東系と上海系の料理人が活躍され、「広東会」や上海系の「日本中国友好協会」等グループの組織化が目立っていました。そこで学んだ多くの方がその後活躍され、新規オープンのホテルの中国料理長として迎えられたり、中華街では二世三世の方達が自立して店舗の経営者となられたり大きな店を更に大きく広げられたりしていたものです。

その頃は食材や調味料、鍋、包丁、白衣等を主とする会社が興《おこ》され、中国酒や中国茶、サービス部門関係の老舗や新店舗等も次々と進出してきました。

日中国交回復後は、社団法人 日本中国料理調理士会（現公益社団法人日本中国料理協会）が設立され、その後中国料理サービス技能支部も併設され、定期的総会やそれぞれの分野の研究会の発表会等が開催されていました。

今考えてみますと、あの広い中国の特徴をある程度網羅《もうら》する「四大料理」をそれぞれのグループが研究して、料理店も出店して成功させ、さらに切磋琢磨して素晴らしい現在を迎えているのだと思います。それは一人の頑張りだけでは成し得ない事です。横の繋がりや縦の法則を持ち、どの国よりも長期に渡り継続して研究されてきた日本の中国料理の正確性は、他国と比べられないほど素晴らしいものだと思わずにはいられません。

と同時に、日本独自の料理法も確立されてきました。

例えば、中国名でも皆様よくご存じの広東料理「青椒肉絲《チンヂァオロウスウ》」です。

中国では、牛でも豚でも肉が主体となり、青椒つまりピーマンはお飾りの彩《いろど》りです。

一方日本では、ピーマンの量がかなり多くなっています。先人が「肉が主体では日本人には受けない、ピーマンが多いと一皿の単価も安くなり食べやすくなる」と考えたのでしょう。日本で中国料理を広げるためには、日本人に合った料理を考える事は重要であり、青椒肉絲の今の広がりは、自然のことであったように思います。

町中華の広がりも、この延長線かもしれません。

しかし最近は、中国から取り寄せた食材や調味料等を使用し、日本人向けにアレンジされていない「ガチ中華」と称されるものが、求められるようにもなりました。

「本来の料理」を知る事と、「その後の変化がどのように生まれたのか」「変化しない方が美味しいのではないか」等々を改めて考える事が求められる時代になってきたのかもしれません。

中国料理

それでは、本場の中国料理をご紹介します。

中国料理は「宴席料理」「家常菜（家庭料理）」「小菜（お手軽料理）」に大別できます。

食事は、大勢で集まって大皿から料理を銘々《めいめい》に取り分けて食べる伝統的な会食スタイル「合食・集餐《しゅうさん》」と、一人一皿ずつサービスされる古来のスタイル「分餐《ぶんさん》」に大別できます。

日本の高級宴席では、最初に大菜の大皿を披露し、その後スタッフが取り分けてくれる事が多くなりました。

地方色

気候風土が違うと、住人の好む味や必要とされる味も変わってきます。辺境の一部を除く中国全土を東西南北に大別し、特徴が色濃く出ている代表的な料理が「四大流派」です。

また、それぞれの地方には、更に細分化された味の特徴があります。

各地方の特徴は、第二章・第四章等で詳述します。

宴席料理の構成

宴席料理は、宴の趣旨や人数、予算等により、格式の高いコース「酒席菜《チュウシーツァイ》」から簡単なコース「合菜《ホウツァイ》」までであります。ここでは、正餐となるコースを集餐スタイルでご紹介します。正式な流れを知れば、中国料理のコースのランクが分かるようになります。ア・ラ・カルト（一品料理）でオーダーする時にどのようなものを組み合わせれば良いのかも、分かりやすくなります。具体的な料理は、第二章・第三章・第四章でご紹介します。

①果子碟《グウオズディエ》（茶うけ・酒のつまみ）

日本では殆ど行われませんが、中国の大規模で格式の高い宴席では、食事の前に別室で中国茶を頂きます。その際に菓子碟（ドライフルーツ・ナッツ類等）をお出しします。

【到奉点心《タオフォンティエンシン》】

遠方からのお客様には、遠路はるばるいらしてくださった事への感謝の意を込めて、お茶と点心等を先に出す場合もあります。日本では稀《まれ》かもしれません。

②前菜

前菜には冷たいもの、温かいもの、熱いものがありますが、冷菜担当の料理人が作った冷菜が一般的です。

一皿に五～七種類を彩りよく盛りつけていますが、宴席のスタイルや地方によっては、一種類を一皿ずつ、または二種類を四皿出す事もあります。

【熱炒《ルォチャオ》】

前菜の後に、大菜担当が作った「糖醋排骨《タンツウパイグウ》（小さな角切りスペアリブの甘黒酢煮）」や「白灼蝦《パイシャオシャ》（活きエビの湯引き）」等、少々洒落た食材の熱い前菜が多品種供される事があります。

酒のつまみなので、材料は一口大に切って食べやすくし、後述する大菜のような大皿ではなく、中皿に盛りつけます。

しかし熱炒は高級宴席で出されるもので一般の宴席では省略される事が多いので、日本では熱炒がある事をご存じない人も少なくありません。

③頭菜《トウツァイ》

筆頭となるメイン料理です。そして頭菜に何を出すかで、その宴席の格が決まります。頭菜に成り得る食材は高級乾物「乾貨」で、燕窩《イエンウォ》（ツバメの巣）、干鮑《ガンパオ》（あわび）、魚翅《ユイチ》（フカヒレ）、海参《ハイシェン》（ナマコ）、魚肚《ユイドウ》（魚の浮き袋）等々たくさんあります。肉の場合は脂肪がないたんぱく質（コンドロイチン）で、昔から今に至るまでその価値観と人気にあります。また、医学的にも評価がありました。下ごしらえが終わった後に、上等な材料でスープを作り十分に味を含ませて仕上げます。「乾貨」については、第五章で詳述します。

④大菜《ダァツァイ》

多岐に渡るメイン料理が、大皿で供されます。食材的には高級乾貨、魚介類、家禽類（家で飼う鳥　鶏《にわとり》・鳩《はと》・鶉《うずら》・鴨《かも》等）、家畜類（豚肉・羊肉・牛肉等）、野味類（後述）、野菜類、豆腐製品、魚一尾等になります。地方色豊かな調味料や調理方法で仕上げます。

【素菜《スウツァイ》】

大菜の終盤に、「精進料理」としての野菜や豆腐製品等の料理が出てきます。日本人には既にお腹いっぱいなので召し上がらないという方もいらっしゃいますが、野菜等を食すると不思議とお腹が動いて、また食が進むようになります。是非召し上がってください。西洋料理のどっしりとした魚や肉を食べてお腹が重くなった時にも、付け合わせの野菜を合間に食べると同様の効果があります。

先人の知恵なのだと思います。

【座菜《ツオツァイ》】

格式の高い宴席では、大皿に魚一尾をドン！と載せた一品で大菜を〆《しめ》ます。

広東料理では「清蒸《チンジョン》」と言う料理方法で、下処理をした魚一尾を皿に入れ、そのまま蒸します。その上にネギや生姜の千切りを載せ、醤油・ナンプラー等をかけ、最後に熱い油をジャーッと回しかけます。さっぱりとした味付けです。

他に、鍋物のような大きな器に入れた料理もあります。

大菜の最期にダイナミックな見た目の魚一尾を出す事で、有余と終宴を意図します。

⑤飯菜《ファンツァイ》・麺・飯

飯菜の存在をご存じないと、この料理が来る前にお腹いっぱいになってしまうので要注意です。白飯に合うおかず料理です。四川では、皆様もよく召し上がる「麻婆豆腐《マーブォドウフウ》」「搾《チァ》菜肉絲《ツァイロウスウ》」「回鍋肉《ホエイグオロウ》」等があります。広東の「青椒肉絲《チンヂアオロウスウ》」北京の「合菜帯帽《フウツァイタイマオ》（もやしやホウレン草、肉の細切りを炒めて上にふわっとした卵焼きをかぶせたもの）」上海の「肉《ロウ》末雪菜《ムオシュエツァイ》（高菜の挽肉炒め）」等も、昔ながらのおかず料理です。地方によっては麺や炒飯が出る事もあります。

⑥点心《ティエンシン》

点心は「咸《シエン》（塩味のもの）」と「甜《ティエン》（甘味のもの）」に大別されます。

塩味のものには、一般的には餃子や焼売、春巻きのような揚げ物等がありますが、高級宴席では上質なものが供されます。甘味のものは、小ぶりな「寿桃《シュウタオ》（桃饅頭）」や「芝麻《チーマー》球《チュウ》（胡麻《ごま》団子）」等で、こちらも宴席に相応《ふさわ》しいものが供されます。

地方によっては塩味や甘味以外の点心もあり、「小吃小食《シャオチシャオシ》」と呼ばれています。

揚州等の高級宴席では、大菜の料理の間に奇麗な造形の点心を入れる場合もあります。

⑦ 甜菜《ティエンツァイ》・甜湯《ティエンタン》・水果《ショエイグォ》

甜菜は、甘い料理でデザートです。

日本では杏仁豆腐やマンゴープリン等が出る事が多いようです。

コースの途中にお口直しとして供される事もありますが、日本では殆どないように思います。

甜湯は甘くて、冷たいもしくは熱いスープで、白きくらげの甘いスープ等があります。

スープの中に梨やイチジク等を入れた仕上がりで食する事もあります。

「果物が最後に出るコースは、豪華である」という思いが、中国にはあります。

中国でのフルコースでは、点心類は点心師が作り、甜菜は料理人が作ります。

日本では料理人が点心を作る事もありますが、現在はパティシエ希望者が多く、デザートや点心類は専門部門として確立されてきました。

以上のようなコースを頂くと、二時間半から三時間ほどかかる大宴席となります。

満漢全席

特に豪華で贅沢な宴席料理が、満漢全席です。何十種類の素晴らしい料理を、二日間、昼夕四回で食べ尽くします。一時期、大変流行しました。

満漢の満は満州民族独自の料理、漢は漢民族独自の料理という意味で、食材や調理方法等が全く違います。

昔は満民族が漢民族を招宴する場合には満民族料理を用意し、逆に漢民族が満民族を招宴する場合には漢民族料理を用意していました。

満漢席という語は、李斗《りと》の『揚州画舫録』や、同時代の袁枚《えんばい》の『随園食単』の中に出てきます。

清朝六代目皇帝である乾隆帝が北京から揚州まで南巡した時、当時全盛期を迎えていた揚州の塩の豪商達がお迎えして夜な夜な大宴会を催した際のメニューが『楊州画舫録』で、その中に地方風味の一つとして残されています。

この画舫録のメニューが、香港の満漢全席の母体となっていったようです。

野味料理

中国人は、季節の変化や各自の体調に合わせて、様々な薬効のある食べ物を意識的に摂取し、体調を整え英気を養います。それを「食補」と言い、これこそが中国人の「医食同源」思想の実践に他なりません。その対象となる食べ物（補品）は、殆どがその地方の産物なので、地方や民族、宗教等により、その内容は多岐にわたります。

「野味」とは、改良された禽獣以外の可食部分で、その美味・希少性・薬効故に中国人が愛好する食材の事です。補品としても多く用いられます。辞書には「狩猟の獲物」「山林で捕獲する禽獣」とありますが、中国の野味は英語のゲームやフランス語のジビエと異なり、野生の鳥や獣に限定されません。

海の大きな動物から蛇等の爬虫類、水魚（すっぽん）・娃娃魚《ワワユイ》（さんしょううお）等の両生類、小さな昆虫類に至るまで広範囲に及ぶ動物が野味とされていて、冬虫夏草（地中にいる昆虫の幼虫に寄生するきのこ）のように、動物とは言い難いものもあります。

猫・狗《ゴウ》（食用イヌ）・田鶏《テイエンヂィ》（食用がえる）等は、近年小規模ながら飼育も行われているようなので、野味は野生動物限定でもありません。

すっぽんは日本でも食されていますが、中国では大型で山中の渓流の穴に生息する山《シャン》瑞《ロエイ》が、非常に長寿であるという事から珍重されています。広西省梧州および南寧産のものが良いとされています。黒い斑点《はんてん》のある肉厚のエンガワが美味です。燉《ドゥン》（蒸して火を通す・蒸しスープ等）、燜《メン》（弱火で煮込む）、紅焼《ホンシャオ》（醤油味）等の調理方法による名菜があります。

野味の乾貨もあります。第四章・第五章でご紹介します。

広州・香港の野味

広東省や香港の野味料理が、特に有名です。産地では、地元故に希少価値をあまり感じないため、野味と意識せずに重要なたんぱく質源として食べられているものもあるようです。しかし中国全土から多彩な野味を集められる広東省や香港では、野味の効果が意識され珍重されているのでしょう。

例えば蛇や狗は、広東・香港では野味として愛好されますが、希少性を感じない土地ではむしろ体調を整えて英気を養うために食します。ちなみに狗は食べると体が温まると言われています。

【蛇宴】

広東料理の地域では、秋から冬に向かって栄養補給をする「食補」という考え方があり、香港では市場でも街角でも捕品である蛇を捌《さば》く様子が見受けられました。

蛇の種類もいろいろあり、特に三蛇《サンショオ》と言って飯匙頭《ファンヂトウ》（怒ると頭が平らなしゃもじ型に膨れるコブラ）、金環蛇《チンホワンショオ》（黒と黄色のまだらの毒蛇）、過樹龍《ダウオシュオロン》（木から木に飛び猫よりもネズミを捕る事に長《た》けている）が有名です。三蛇に二つを足した、五蛇もあります。

蛇の料理は日本では馴染みがないように思われますが、三十〜四十年前の京王プラザホテル「南園」では、秋メニューとして三蛇・五蛇羹《ゴン》メニューがありました。

宴席では、頭菜に蛇の羹（とろみスープ）が出てきます。蛇羹を食す時に忘れてはならないのは、のぼせを下げるために白菊を添える事です。料理店では必ず添えて出てきます。市場に白色の食用菊がない場合は黄色の食用菊で代用します。

蛇は、一匹の皮から肉まで殆ど全てを食べられます。

肝は、蛇を引き裂いて処理した直後に取り出して白酒に入れると、美しい翡翠色の「蛇胆酒」になります。しびれや風湿（体内の湿気）、リューマチ、眼力増強等に効くと言われています。

血は、老酒に注ぎ入れると美しい赤色を帯び、宴の始まる前に供されます。
共に、古来より精力増強への薬効が高いとされています。

広州・香港等で供されてきた野味料理の一部を紹介します。

紅焼大海狗《ホンシャオダアハイゴウ》（さんしょううおの醤油煮）
京扒全瑞《ジンバアユアンロエイ》（渓流に棲む大すっぽんの煮込み）
瑞 草霊芝《ロエイツアオリンディ》（すっぽんのエンガワを使った焼売風料理）
皇 母蟠桃《ホワンムウバンタオ》（カニ入り蛙とくるみの炒めもの）
龍虎鳳大会《ロンフウフオンダアホエイ》（蛇・猫・鶏の煮込み）
紅焼果子狸《ホンシャオグウズリイ》（ハクビシンの醤油煮）
黒椒馬尾牛《ヘイジャオマアウエイニュウ》（野牛の黒胡椒炒め）
人参燉 仙鶴《レンシンドウンシエンホオ》（朝鮮人参と鶴のスープ）
広 鬆仙鶴《ゴワンスンシエンホオ》（冬虫夏草を加えた白鶴のスープ）

他の地方の野味料理は、第四章でご紹介します。

第二章　四大料理

四大料理

中国料理では「四大菜系《スーダーツァイシー》」と言い、各地を表す漢字と味（調味）を組み合わせて、その土地の料理を表現します。北は北京を中心に北咸《ペイシェン》（塩味）、東は上海を中心に東酸《トンスワン》（酸味）、南は広東料理の南淡《ナンタン》（淡味）、西は四川を中心に西辣《シーラァ》（辛味）とそれぞれに特徴があります。

北京料理（京菜《ヂンツァイ》）

日本では北京料理店は多くありませんが、清朝に栄華を極めたと言われる北京料理です。宮廷料理人の多くが山東出身者である事が、特徴の一つです。

北の味は調味料の塩・醤油・味噌の味が濃厚という事で、咸（塩味）の字を当てて「北《ペイ》咸《シェン》」という成語になっています。

代表的な調理方法は、爆《バオ》（鍋を熱々に焼き、爆発音を発するような高温で炒める）、扒《バァー》（とろ火で長時間煮込む）、煨《ウェイ》（たね火ほどの弱火で長時間煮込む）等で、触感が重視され、歯ごたえのあるもの、または柔らかいものがあります。

宴席は贅沢で、海参（ナマコ）、燕窩（つばめの巣）、魚翅（フカヒレ）、鮑魚（アワビ）等の高級乾貨が多く用いられています。

また回教徒が多いため豚肉を使用しない民族飯店等もあり、バラエティーに富んでいます。この地方は小麦粉が主要産地である事から、小麦粉製品が主食で、饅頭や餃子、包子《パオズ》、麺等の種類も豊富です。

涮《ショワンヤンロウ》羊肉（羊のしゃぶしゃぶ）

北方の満民族や回族《ホエ》、蒙古民族等が、羊肉の料理をもたらしました。北京では大切な食材です。羊料理の専門店が数多くあり、宴席料理に組み込む事もあります。

日本でも食する事はできますが、日本では牛肉のしゃぶしゃぶが好まれているので、中国的な羊のしゃぶしゃぶを出すところは本当に少ないです。中国では涮羊肉の専門店があり、創業百数十年の「東来順飯荘《ドンライシュンファンジョワン》」は北京を中心に支店も多くあり特に有名です。

タレは、香味野菜のみじん切りに芝麻醤、醤油、胡麻油、蝦油、辣油、醤豆腐等々があります。これらを自分好みで選び、分離しないように少しずつ混ぜ合わせて、艶《つや》やかなタレを作ります。初めての方は、まず調合したタレをもらい、味見をしながら好きなものを少しずつ合わせて、好みの味にして食します。

烤羊肉《カオヤンロウ》（ジンギスカン）

日本で使用される、帽子のような半円形の鍋ではありません。三〜四人が両手を広げて繋いだくらい大きくて平らで丸い民族的な鉄板で、その周りには数人の師傅（シェフ）が焼き手として立っていました。客が好みの肉と野菜をボールに入れ、自分好みに調味して師傅に手渡すと、ダイナミックに焼いてくれ、あっという間に出来上がりです。

羊だけでなく、鹿や猪、鶏等もあり、「烤肉苑《カオロウワン》」「烤肉季《カオロウヂィ》」等の有名店がたくさんありました。

北京料理の野菜

香菜《シャンツァイ》（パクチー）と羊肉や牛肉を一緒に炒める「芫爆《イエンバオ》」という料理があります。香菜は日本では高価で、炒める野菜としてはあまり知られていませんが、大変美味しいです。

香菜がない時は、ネギを用いた「葱爆《ツォンバオ》」も美味です。

炒めるのが難しいニラですが、花ニラ「韮菜花《ヂウツァイホワ》」は簡単に美味しく炒める事ができ、茹《ゆ》でても美味です。匂いがあまり強くなく、家庭向きで卵や肉とよく合います。花ニラを塩漬け発酵させ、酸味が出て旨味が増した頃合いに刻んで叩きペースト状にしたものは、羊のしゃぶしゃぶのタレの薬味としてよく合います。

日本でニンニクの芽と呼ばれるものは、ニンニクの花茎を摘み取った「蒜苔《スワンタイ》」です。以前は冷凍で輸入されていました。匂いが弱いので、日本人に好まれたようです。

「青蒜《チンスワン》」は、ニンニクの玉になる白い部分の幼芽がエシャロットのように小さくふくらみ、長ネギのようになっています。白い部分はカラスミや腸詰めのスライスと共に一緒に食べると美味です。青い葉っぱは、一般のネギのように袋状になっておらず、ポロネギ（リーキ）と同じく一重です。ぶつ切りにして肉と一緒に炒めます。

「回鍋肉《ネエイグウオロウ》（豚肉のみそ炒め）」にはとても良く合うので、必ず入れます。細切りにして肉の煮込みの天盛りにしたり、みじん切りにして麻婆豆腐の青味に使ったりもします。

回鍋肉は四川の飯菜として有名ですが、北京は四川料理の美味しい店が多い事で知られています。是非北京を訪れた際には「四川飯店」に出かけてみてください。

広東料理の「譚家菜《タンヂァツァイ》」も、美味しいことで有名です。

宴席料理

【前菜】

北京辣白菜《ペイピンラーバイツァイ》（北京風唐辛子入り白菜の酢漬け）

白菜を繊維に沿って細切りし、バットに並べて塩を振り、しばらく置いて水切りします。彩りとして人参やキュウリ、生姜、赤唐辛子を千切りにして上に並べ、数時間後に水切りします。それを山椒風味の甘酢漬けにします。

油爆双脆《ユウパオシュワンツォエイ》（砂肝と豚ガツの北京風炒め）

内臓は下ごしらえし、調味料（酒・醤油・酢・砂糖等）は混ぜておきます。熱々に熱した鍋に油やネギ、生姜を入れて香りを出し、内臓と調味料を入れて三秒ほど炒めて花《ホワ》椒油《ヂァオイウ》を垂らします。

芥末蜇皮《ヂェムオヂォピィ》（クラゲのマスタード和え）

蜇皮は一枚のクラゲのことです。北京では上部の頭をよく用います。塩抜きしたクラゲを熱湯にさっと入れてすぐに水で戻します。ふっくらしたら水切りし、マスタード・塩・胡麻油で和えます。

羊糕《ヤンガオ》（羊の煮こごり）

羊（豚肉、ラムでも可）を一時間位煮て取り出し、水・生姜・ニンニク・八角・山椒・

砂糖・酒等を入れて中火で一時間位煮ます。皮を取り出して刻み、醤油とカラメルを加えて弱火で十分位煮ます。皮がない場合は、ゼラチンを入れて固めます。羊羹《ようかん》にそっくりなので、その前身とも言われています。

涼拌焼鶏《リャンバンシャオヂィ》（山東風蒸し焼き鶏の和え物）

ただの蒸し鶏ではなく、醤油に漬けて揚げた後に蒸して冷まします。それを叩きキュウリの上に盛りつけます。蒸し汁に酢・醤油・胡麻油の風味を加えて、かけ汁にします。

【大菜】

北京烤鴨《ペイヂンカオヤ》（北京ダック）

皆様ご存知の北京ダックです。是非専門店の味をご賞味ください。

北京と銘打っていますが、本体は南京から伝わったとされています。南京・揚州では、南京の古名である金陵を冠《かん》して「金陵烤鴨」というメニュー名で出しています。

日本では北京料理店が少ないので、本格的な烤鴨はなかなか召し上がれないかもしれません。日本では下処理をした鴨を専門店から取り寄せ、中華鍋で油をかけながら仕上げているので、色も照りも美しく出来上がっています。しかし本来は、特別に強制飼育した塡鴨《ティエンヤ》（アヒル）を用い、専用の掛炉《グヮワルウ》（かまど）に吊るして入れて炭火焼きにします。

塡鴨は、株式会社藤屋の藤木守社長が著書等でご紹介したり、安定的に取り寄せられるようにご尽力されたりしているので、今は以前よりも入手しやすくなりました。

食べ方は、単餅の焼き面を上にして甜麺醤《テイエンミエンジャン》（甘味噌）を塗ります。単餅とは、二枚一組でのばした餅の両面をさっと炙り、二枚に剥《は》がしたうちの一枚の事です。

北京本来の甜麺醤は日本では入手が難しいようです。一般的に売られている甜麺醤もありますが、家庭では、八丁味噌等赤だしに用いられる家庭用の味噌を水少々で溶き、砂糖少々と油で炒めて、さっと煮て冷まします。その後、硬さを見ながら胡麻油で調《ととの》えると出来上がりです。

日本では、北京烤鴨にネギとキュウリの細切りが添えられていますが、本来キュウリは入れません。あった方が食べやすいと感じる方は、鴨の脂っぽさを和らげてくれるからかもしれません。キュウリは水っぽくて温かい鴨片が冷えてしまうので、ネギだけを巻くのがお薦めです。ネギは細切りだと筋っぽくて食べづらいので、細めの拍子切り位の方が歯切れよく美味しいです。キュウリは後からの口直しとして召し上がってください。

芙蓉燕菜《フウロンイエンツァイ》（つばめの巣の芙蓉仕立て蒸しスープ）

蝦子海参《シャズハイシェン》（なまこのエビ子入り醤油煮）

扒三白《バアサンパイ》（アワビ・鶏・ガツのクリーム煮）

葱爆羊肉《ツォンバアオヤンロウ》（羊肉のネギ風味北京風炒め）

醋椒魚《ツウヂァオユイ》（河魚の酢入りスパイシースープ煮）

乾焼大蝦《ガンシャオダアシャ》（有頭エビの炒め煮）

酸辣湯《スワンラータン》

ごく庶民的なスープとして酸辣湯があります。日本ではスーラータンと呼ばれ、即席スープや酸辣湯麺等で親しまれています。

北京では、酢の酸味に胡椒の辛味を効かせるのが特徴です。鶏やアヒルの血を豆腐のように蒸した「黒豆腐」を細く切って入れます。

【麺】

炸醤麺《ヂァヂァンミェン》（肉みそ麺）

北京の夏の風物詩に、「炸醤麺」という麺料理があります。

日本ではジャージャー麺と言って挽肉入りのゆるめの味噌あんかけになっていますが、ソースが硬くならないよう、あんかけにしたのかもしれません。

本来は「炸醤」という漢字が示すように、醤を多めの油で炒める調理法で、ミートソースのような形状の味噌油のソースです。ソースが冷えて硬くなった場合は、温めて滑《なめ》らかにしてから麺にかけます。ネギやキュウリ、枝豆等、季節の野菜を添え、混ぜて食します。

北京の隣の山西省は、一日に一回は麺を食べるというほど麺料理が盛んな場所です。ここは花椒の産地で、これを油でゆっくりと揚げ、その香りの付いた油で味噌を炒めると、とても濃厚でスパイシーで美味しいソースが出来上がります。うどんのような麺で、毎日食べるので梘水《かんすい》（アルカリ塩水溶液）等は入れず、胃に優しい料理です。

刀削麺《タオシャオミエン》（包丁削り麺）

小麦粉を硬くこねた塊《かたまり》を肩に持ち上げ、この塊を平たいスケッパーのような刃で、片手で削《そ》ぎ切りしながら大鍋にピョンピョン投げ入れる茹で麺です。

日本では三十年位前から、専門店が数多く出店しました。

打滷麺《ダアルウミエン》（あんかけ麺）

山西省の麺料理です。醤油味で山椒のスパイシーさがあるスープには、具が少々入っています。とろみをつけた後、溶き卵を散らし、それを茹でた麺にたっぷり注ぎます。

刀削麺にこのスープをかけると美味です。

猫耳朶《マオアルトゥオ》（ネコ耳型麺）

イタリアのシェル型パスタに似ていて、刀削麺の生地をサイコロ状に切って、親指で捻《ひね》りつぶすとこのような形になります。

北京に「普陽飯荘《ジンヤンファンヂョワン》」という山西料理の名店がありそこの麵料理は絶品でした。

【点心・甜菜】

餃子《ジャオズ》

水餃子《シュイジャオズ》（茹で餃子）が一般的です。消化がいいので、家庭料理としては当然かもしれません。

餃子はニラを刻んで餡《あん》にしますが、日本と違いニンニクは入れません。食べる時には、小皿にニンニクのみじん切りやすり下ろしたものを、薬味として好みで添えます。

油条《イウティアオ》（棒状の揚げパン）

焼餅《シャオビン》（胡麻風味焼きパイ）

焼餅の腹に包丁を入れ、油条を挟んで食べたりします。

三不粘《サンプウヂャン》（卵の油練り菓子）

歯にも箸にも皿にも付かないので、三つ付かずの甜菜です。

餛飩《ホワントウン》（ワンタン）

広東では雲呑、四川では炒手と言います。

杏仁豆腐《シンレンドウフウ》（杏仁の寒天ゼリーシロップ仕立て）は第三章・第四章で、豌豆黄《ワンドウホワン》（えんどう餡菓子）は第四章で詳述します。

上海料理（滬菜《フウツァイ》）

日本では上海料理と一括《ひとくく》りで取り上げられますが、中国の上海料理は実にバラエティーに富んでいます。

上海を含む「江蘇省」と下隣の「浙江省」の両方を合わせて「江浙《こうせつ》料理」と言われています。更に江蘇省には蘇菜《スウツァイ》（蘇州料理）、南京菜《ナンヂンツァイ》（南京料理）、揚菜《ヤンツァイ》（揚州料理）、錫菜《シイツァイ》（無錫料理）等があります。浙江省には杭菜《ハンツァイ》（杭州料理）と寧菜《ニンツァイ》（寧波料理）があります。江浙の隣にある「安徽省《あんきしょう》」には徽菜《ホエイツァイ》（徽州料理）があります。

一般的に上海料理は、川と湖の豊富な魚介類を食材としています。新鮮な風味の良さを活かしてさっと素炒めした「清炒《チンチャオ》」だけでなく、魚の頭から尾の先に至るまで拘《こだわ》った料理もあります。魚の頭だけを大皿に人数分仕上げた料理は、魚好きの日本人でも驚きます。

調味料の特産地でもあり、それらを活かした料理の味付けはこってりとして甘いものが多いようです。「紅焼《ホンシャオ》」は炒めるか揚げるかして、砂糖を加え、醤油煮にする調理法です。魚やフカヒレの味付けで、ご飯によく合うので日本人好みです。明油《ミンイウ》という仕上げに回しかける照り出しの油も、知られています。

宴席料理

【前菜】

以前の宴席では「双拼《シュワンピン》」と言って、一皿に二種類を盛り合わせ、四皿で八品出していました。しかし最近の日本では、このような前菜は殆どお目にかかれなくなりました。

【大菜】

大菜の最初である頭菜には、魚翅（フカヒレ）がよく用いられます。魚料理は種類も豊富で、部位にまで拘った料理もあります。鰻魚《マンユイ》（うなぎ）や甲魚《ヂァユイ》（スッポン）、秋には上海ガニ等があり、エビは川も海も両方出てきます。これらが大菜の主材料となります。

上海料理は、地方名や都市名を「○○風」というように料理名に入れていますが、一般の旅ではその土地を全て訪れるのは難しいでしょう。しかし名前を冠した有名料理・名菜がありますので、旅をしている気分で味わってみてください。

交易の港町である上海では、日本でもよく知られた料理があります。甘い料理やさっぱりした料理もあります。

揚州は、二千年の歴史が受け継がれた都市であるにもかかわらず、長江の北に位置するという交通の不便さのために、国交回復の後も日本への紹介が遅れたようです。今は交通の便も改善していますので、是非お出かけ頂きたいと思います。

鎮江肴肉《ヂェンヂァンヤオロウ》（鎮江風皮つき豚肉の煮こごり）

鎮江の黒酢と生姜の千切りで食します。

無錫排骨《ウシイパイグウ》（無錫風豚スペアリブ煮込み）

地方の特産物である赤米を入れて醤油煮したもので紅糟《ホンザァオ》等で代用してもかまいません。

蘇式燻魚《スウシーシュンユイ》（川魚の蘇州燻製料理）

魚の切り身をスパイス調味液に漬け込み、揚げてから再び液を絡ませて味をしっかり含めます。草魚《ツアオユイ》（そうぎょ）か鯉魚《リイユイ》（鯉）を用います。正月料理でもお馴染みです。

南京板鴨《ナンヂンバンヤ》（塩漬け陰干しアヒル）

鴨の内臓血管等全てを抜き取り、下処理して、炒った塩で漬け込んでから、陰干しした貯蔵品です。茹でて薄切りに並べて前菜で出すのが一般的ですが、あらゆる料理に使えます。製法の時季や漬けタレにより名称が変わります。例えば十二月（腊月）に作れば「腊板鴨《ラーバンヤ》」と呼ばれます。

揚州獅子頭《ヤンヂョウシズトウ》（揚州名菜大肉団子のスープ蒸し）

歴史的名菜として、大肉団子のスープ蒸しがあります。秋には蟹粉《シエフェン》（上海蟹の卵、精嚢、肉等）が入り、「清燉蟹粉獅子頭《チンドウンシエフェンシズトウ》」がメニュー名となります。

奶油白菜《ナイイウバイツァイ》（白菜のクリーム煮）

牛乳や生クリーム等洋風の調味料を加えた、上海らしい一品です。

干焼明蝦《ガンシャオミンシャ》（エビのチリトマトソース炒め煮）

四川料理と思われがちですが、上海の代表的な料理です。

氷糖甲魚《ピンタンヂァユイ》（スッポンのシロップ煮）

スッポンを氷砂糖煮にするとはびっくりしますが、蘇州の有名店で「なぜ甘いのか」と尋ねると「蘇州の人達は阿片《あへん》が吸われた時代に甘い味が好きになった」という事でした。

清炒蝦仁《チンチャオシヤレン》（川エビの塩味炒め）

日本では川エビの美味しさを滅多《めった》に味わえませんが、淡白な塩味が絶妙です。

黒酢をかけて食べると相乗効果があり、まろやかな味になります。

扣三絲《コウサンスウ》（三種のスープ蒸し合わせ）

三種の食材を千切りにし、扣《コウ》（型に詰め込み蒸したもの）にして、逆さにして深い鉢に入れ、上からスープを注ぎます。食材は、蒸し鶏、火腿《ホウトェイ》（ハム）、タケノコ、乾絲《ガンスウ》（押し豆腐の細切り）等が用いられます。

【素菜】

上海料理は、大菜の終盤に組み込まれる素菜の広がりが有名です。精進食材で鶏や魚介に見立てて作っているものもあり、とても興味深い料理です。玉仏寺の精進料理も有名です。鑑真和尚の故里である揚州には有名な大明寺があり、民間ではない寺の精進料理として、興味深い存在です。

日本の精進料理よりも、食材が豊富です。

例えば豆腐の加工品として豆腐干《ドウフウガン》（押し豆腐）があり、豆腐を凝縮したものです。厚さ二センチ強の豆腐干一丁を、横に寝かせた中華包丁をスライドさせて二四枚に薄切りし、これを重ねて更に細い千切りにできる事が、中国の料理人格付けでナンバーワンである「特一級調理師」の技《わざ》とされています。

百頁《バイイエ》（うす蒸し豆腐）は、百葉《バイイエ》や千張《チエンヂアン》（共に薄いという意味）という別名もあるほど薄く、包んだり巻いたり麺状に切ったりと様々な用途があります。

豆腐の加工品は他にも、五香乾《ウシャンガン》、燻豆腐《シュンドウフウ》、糟豆腐《ザァオドウフウ》、臭豆腐《チョウドウフウ》等があります。

湯葉《ゆば》は、半乾燥のシート状のものと腐竹《フウヂュウ》と呼ばれる棒状のものがあります。

調理方法も豊富です。

精進の食材で肉や魚そっくりに作る擬《もど》き料理は「假菜《ヂアツァイ》」と言います。

例えば素火腿《スウホウトェイ》（精進ハム）は、幾重にもゆばを巻いて型取りをして、醤油と香辛料で煮込んだものです。薄く切って前菜として使います。

【点心】
小籠包《シャオロンパァオ》（上海名物小型蒸しまんじゅう）
生煎饅頭《ションジェンマントウ》（豚肉入り焼きまんじゅう）
蘿蔔酥餅《ロウホウスウビン》（大根糸切り餡パイ）
蟹黄湯包《シェホワンタンパァオ》（蟹の卵等を入れたスープまんじゅう）

【甜菜】
八宝飯《パアパオファン》（ドライフルーツ飾りもち米の型蒸し）
酒醸円子《ジュウニャンエァンズ》（白玉だんご甘酒シロップ）
中秋や正月、元宵節で食す白玉だんご等もあります。

江南料理

長江（揚子江）の下流域南岸地域を「江南」と呼び、上海、杭州、紹興、蘇州、南京、鎮江等が知られています。

揚州のみ長江の北側にありますが、揚州も江南に含まれます。

風光明媚で、昔から有名な歌や料理に関する逸話がたくさんあります。

歴代皇帝にも愛された都市は料理にも歴史があり、料理関係では、上海系統とは別に江南料理と呼ばれています。

広東料理（粤菜《ユエツァイ》）

日本でもっとも親しまれていて料理店も多いのが、広東料理です。

食在広州は「食は広州にあり」という言葉でご存知の方も多いと思います。食在広州にはその前後があり、それは「生在蘇州・穿在杭州・食在広州・死在柳州」という諺《ことわざ》です。「風光明媚な蘇州に生まれて美しい景色を眺め、杭州の素敵な絹織物の着物を着て、美味しい広州の料理を食べて、最期は柳州の立派な木材で作った棺《ひつぎ》に納《おさ》まる」一生が、中国人の理想とされていました。そして今は、食在広州のみが広く知れ渡っているのです。

広東料理は中国料理の中でも特に種類が多く、「足のあるもので、空飛ぶものでは飛行機以外、地にあるものでは椅子や机以外の全てを食べる」と言われるほどバラエティーに富み、極端に刺激的な味もなく、誰からも好まれるという評価をされていて、南方の味の特徴にもなっています。

「南淡」の淡は、味が薄いという意味だけではありません。スープは手間とお金をかけて旨味が凝縮されるため調味的な塩分は控えめになっていて、それこそが醍醐味です。

広東料理は、珠江を中心に広州・潮州・東江の三大派に分かれます。日本や香港、台湾等世界各地の広東料理店で供される広東料理の多くは、広州料理です。香港は、返還される前は中国と食生活や調理法は基本的に同じでしたが、食材は違いました。

飲茶

広東料理の特色は、なんと言っても飲茶です。茶館《チャゴワン》と呼ばれる専門店がたくさんあり、早朝から賑わっています。時間帯によって客層が変わり、朝は朝食を食べにくる人や市場関係者等でざわついています。その後は会社関係や商人の方達の商談や接待の場所になり、情報交換の場所として、日本では考えられないほどの広がりを持つ場となります。

餃子は、小麦粉の澱粉《でんぷん》のうき粉を用いた「蝦餃《ハーカウ》（広東語　エビ蒸し餃子）」です。饅頭は、餡の入った包子です。餡は多種多様で、その種類によって「叉焼包《チャシュウパアオ》」「湯包《タンパアオ》」等と呼ばれ、汁気を伴った美味しいものです。

麺は、うどんのような素朴なものではなく、卵だけで練った伊府麺《イフミエン》（伊麺《イミエン》）という独特な麺を用いて、湯麺や炒麺に仕上げられています。

飯も、炒飯《チャオファン》や粥《ヂュウ》から腊味飯《ラーメイファン》（十二月に作る塩漬け乾燥品の豚肉や鶏等を切って温め丼にしたもの）等、種類が豊富です。

【粥《チュウ》】

粥は、北京や上海のような白粥ではありません。

皮蛋痩肉粥《ピィタンソウヨクヂュウ》（広東語　皮蛋と咸蛋《シェンタン》と豚肉の粥）

粥の中に皮蛋と咸蛋（塩漬け卵）、豚肉を加えて、一緒に炊きます。

魚生粥《ユイションヂュウ》（刺し身粥）

器の内側に刺身を張り付けて、白粥を注ぎます。

田鶏粥《デェンヂィヂュウ》（蛙の白粥）

夏の粥として、逸品です。

緑豆粥《リュイドウヂェウ》（緑豆の粥）

こちらも夏の粥で、のぼせを下げる粥として知られており、これに砂糖を入れて食べたりもします。

【粽子《ゾンズ》】

什錦咸肉粽《シージンシェンロウゾン》（広東語　サッカムハムヨクゾョン　五目ちまき）

ハスの葉の上にもち米の中央にアヒル等の咸蛋や焼肉《シャオロウ》（煮込み肉）、ハスの実、栗等を置き、笹の葉で包み、タコ糸でしっかりと三角錐《すい》型に縛ります。湯で二、三時間茹でます。

蓮茸梘水粽《リエヌロンヂェンシュェイヅン》（広東語　レンヨンスイヅョン　梘水入りハスの実餡ちまき）

ハスの実の餡で、咸蛋の黄身を包み込みます。もち米は、梘水や硼砂（ホウ酸塩鉱物の一種で生薬）や油等を加えてよく混ぜます。新鮮なハスの葉で米と餡を丁寧に包んで茹でると、米が黄色く透き通り、ゼリーのようにねっとりとした弾力があり実に美味です。

他にも、炒飯や五目御飯を新鮮なハスの葉や乾燥したハスの葉で包み蒸しにしたご飯等があり、実に多彩です。

宴席料理

【前菜】

拼盤《ピンパン》の美しい前菜が有名で、珍しいフルーツ等の前菜も一時流行しました。

焼烤《シャオカオ》（広東語　シュウカオ）

炙《あぶ》り焼きという意味で、焼き豚や叉焼等の料理方法です。冷蔵庫から出してすぐでは油が固まっていて美味ではないためさっと温めて出しますが、冷菜担当料理人が作るので、冷菜の一皿となります。

烤乳猪《カオルウヂュウ》（仔豚の丸焼き）

もっとも有名なのは、烤乳猪でしょう。日本では特別な宴でのみ供されます。前菜の一皿として、叉焼《チャシュウ》（広東語）や焼肉《シュウヨク》（広東語）と一緒に、皮つき焼ブタとしても供されます。香港やタイ、シンガポール等では仔豚一頭の姿焼きで出てきます。仔豚は、大きな皿に下処理で裏側から切り開いてある頭ごと全身を載せ、店によっては目に豆電球をつけて飾り立て、ダイナミックな大皿となります。

前菜としては、体全体の皮を一口大に四角く切って、体の上に並べます。食べ方は北京ダックに似ていて、方薄餅という包子の皮を薄くのばして蒸したものの上に載せるか挟んで食べるといいでしょう。好みで皮を食べる時にグラニュー糖を振りかける場合もあります。

添える麺豉醤《ミンシーヂョン》（広東語）は、北京ダックとは全く違った味わいです。八丁味噌や唐辛子風味の腐乳（豆腐の加工品）、沖頭《チョントウ》（半乾燥品を香味野菜として使う）を加え、更に柱候醤《ハウチョン》（広東語）という広東の香辛料入り練り味噌等を加えて、炒め煮にします。

皮を前菜で食した後は、一度下げて、食事の後半にぶつ切り肉を香菜炒めやスープ等に仕上げて出してくれます。

白灼蝦《パッチョハー》（広東語　エビ白茹でスパイス醤油添え）

もっともポピュラーな熱い前菜です。白灼（熱湯にさっとくぐらせる）したエビに唐辛子やニンニク等の入った醤油タレが添えてあります。

日本でもエビや魚介類の白灼が大流行しました。

葱油鶏《ツォンイウヂィ》（ネギ生姜の千切りオイルソースかけ）

柔らかく蒸した鶏肉をぶつ切りにして、上にネギ生姜の千切りをたっぷりと載せ、熱く熱した油をかけて、一度和えます。汁を取り出してとろみをつけて再度混ぜ合わせます。

【大菜】

乾貨の集散地である香港では、燕窩（つばめの巣）、魚翅（フカヒレ）、魚肚（魚の浮き袋）、海参（ナマコ）等を使った大菜が、お得意の調理方法で出てきます。

魚類は、川の幸もありますが、宴席となるとやはり海の幸が豪華に競い合います。

香港の江珧《ヂアンヤオ》（たいらぎ・平貝）はとても美味しいので、是非お楽しみください。三十センチほどもある三角錐の貝で、セルロイドのような鼈甲《べっこう》色で、透明感があります。日本でも入手でき、広東料理店で一度食した事があります。

上海ガニで一番美味しいとされる洋澄湖の湖蟹は、大きくて良質で高価なものは香港にいち早く届くようです。

揚子江を境に南北に分けて中国を二分する魚と言えば「北の鱖魚《グェイユイ》（俗名桂魚《クェイユイ》・桂花魚《クェイホワユイ》）」と「南の石班魚《シーバンユイ》」です。和名でも「北のケツギョ、南のセッパン」として知られています。

南の石班魚は、日本では沖縄からもたくさん入ってきています。日本の広東料理店の厨房では、仲間内で「清蒸石班魚」という料理名を「白飯魚」とよく言い換えていました。白飯を一層美味しく食べさせてくれるからでしょう。

ハタの中でもっとも高価な老鼠班《ラオショウバン》（ネズミハタ）は、最高に美味しいです。幻の魚と言われていていますが、香港で機会があったら是非食べてみてください。

人面魚のような面立ちで大きな頭を持つコバルト色のナポレオンフィッシュは、路上で売られているのを見かけましたので、比較的入手しやすいようです。この白身も美味です。

このように新鮮で良質な食材に恵まれているので、持ち味を活かす調味・調理方法となり、結果として淡白な味になるのは、自然の流れだと思います。

清燉魚翅盅《チンドゥンユイチヂョン》（フカヒレのスープ蒸し）

広東のフカヒレの醍醐味は、燉菜《ドゥンツァイ》（スープ蒸し）でしょう。一枚の大きなフカヒレを下処理し、縦長の茶わん蒸しのような器に入れ、最高級のスープで器蒸しにします。

椰子盅《イエズヂョン》（ココナッツの中身をくりぬいた器）でフカヒレを蒸し上げるスープも、流行しました。

紅扒魚翅《ホンパァユイチ》（フカヒレの醬油煮）

上海のこってりしたフカヒレの醬油煮とは、味が全く違います。さっぱりした醬油煮をお好みの方には、こちらがお薦めです。

清蒸石班魚《チンヂョンシーバンユイ》（石班魚の蒸しものネギ醬油オイルソースかけ）

石班魚は種類も多く、青ハタや赤ハタ等を蒸して、魚露《ユイルウ》（ナンプラー）とネギ・生姜で醬油風味にしたものに、熱い油を上からかけた料理です。

生菜鴿鬆《ションツァイゴウスン》（ハトのそぼろ炒めレタス包み）

ハトは、日本では鶏肉や豚肉を使い、丁《ディン》（細かいさいの目切り）にします。玉ネギ、シイタケ、水クワイ等の野菜を鬆《スン》（丁より細かいさいの目切り）にします。ハトと野菜を炒めて、醬油味で更に炒め、澱粉でとろみを加えてつなぎとめます。大皿に揚げビーフンを載せて、ふきんで軽く押さえ、その上に炒めた料理を載せます。レタスは片手位の大きさのカップ型に整えて、別皿で出します。このレタスに料理を載せて食します。食が進む一品です。

生 炒魚球《ションチァオユイチュウ》（新鮮野菜と新鮮魚の炒めもの）

新鮮でかつ炒めてもボロボロにならない魚を選ぶ必要があるので、薄切りにした魚の炒め料理は珍しいです。白身魚と油菜《イウツァイ》等の取り合わせが美しい一品です。

百花釀蟹箝《バイホワニャンシエチェン》（カニ爪のエビすり身餡入りフライ）

日本では人気メニューで、殆どの方が食べた事があると思います。

カニ爪を土台にして、上に百花（エビのすり身）を載せて、パン粉揚げにしたものです。

蠔油牛肉《ハオイウニュウロウ》（牛肉のオイスターソース風味炒め）

牛肉とオイスターソースはよく合います。生のレタス等をさっと白灼して下敷きにし、その上に炒めた牛肉を載せます。芥蘭菜《チェランツァイ》や菜心であれば、更に美味しいです。

三十年位前は、中国や香港では硬い肉質の水牛を使っていたらしく、重曹を少々入れて肉を柔らかくしていたようです。この味が口に残りあまり美味しくありませんでしたが、日本の美味しい牛肉ならば重曹は必要ありません。

咕老肉《クウラオロウ》（酢豚）

この料理は地方色が豊かで、メニュー名も古老肉《クウラオロウ》、古嚕肉《クウルウロウ》、糖醋肉《タンツウロウ》等、数多くあります。取り合わせる野菜も様々です。広東風はケチャップや酸果《スワングゥオ》（酢漬けの漬物）を用いたり、パイナップルを具として用いたりします。

日本の中華街では酢豚にキュウリが入っているという話がよくありますが、これは酸果（野菜の甘酢漬け）を使った名残《なごり》であり、生を入れても美味しくありません。

大良炒鮮奶《ダァリャンチャオシェンナイ》（カニ入りミルクの卵白炒め）

大良は鳳城《ホイセン》（広東語）とも言い、広州の地名です。海鮮料理等に特色があり、大良や鳳城を冠した料理もあります。刺身料理の「鳳城魚滑《ホイセンユーワッ》」も代表的な一品です。

清燉冬瓜盅《チンドゥントンゴォワヂョン》（冬瓜の五目具入り器蒸しスープ）

冬瓜の上部のヘタを切り、中のわたや種をくり抜いて器にします。座りの良い器（広東には専用の器があります）か丼に固定し、海の幸やキノコ等を入れ、スープを注ぎ、長時間蒸して食卓に出します。
碗に、削ぎ取った冬瓜の身と具を入れて味わう、夏から中秋にかけての名菜です。

潮州料理

潮州料理の源は、古代中国の飲食風習です。潮州出身の華僑の方達がタイ・ベトナム・香港・シンガポール・マレーシア等へと移住した事で、東南アジア系の国々に広がっていき、その国の主要な味となっていきました。

潮州地方の南海に面した地域では、魚類やイカ、エビ、カニ、カキ、貝、海藻等も豊富です。中でも咸魚《ハムユイ》（広東語　南海で水揚げされるタチウオやいしもち等の魚）は、家庭の惣菜として広く流通していて、それを塩漬けして半乾燥したものはとても美味です。広東料理にもよく用いられます。

潮州の産物で潮州芥菜と潮州ポンカンがあります。芥菜は大きな結球で、これを漬物にします。

中国に旅行する際、もっとも解放が遅かった地方の一つに汕頭がありました。迂闊《うかつ》に写真など撮れない時代で、緊張しながら滞在したものです。

汕頭での思い出の料理としては、生ガキの卵焼き等があります。家庭的な料理ですが、カキの美味しさが際立っていました。潮州近くの漳州では、日本の雑炊のようにあっさりした粥が印象的でした。香港の潮州料理とは全く違う素朴な味わいは、解放されて間もなく訪れた現地そのままの味だったのかもしれません。

【功夫茶《コンフウチャ》】

中国には銘茶が数多くありますが、抹茶文化はありません。現在は茶葉を用いた功夫（手間のかかる修行と言う意味）が中国の茶道として知られています。

香港等で潮州料理の宴席をすると「功夫茶」のおもてなしで始まります。烏龍茶《ウーロン》を丁寧な手順で濃く淹《い》れ、小さな杯のような器で飲みます。食後にも飲みます。

お茶屋さんで試飲する際に、丁寧な所作のため時間が結構かかり慌てる事があります。「品茶《ピンチャ》」と称する茶の飲み比べは茶葉を買ってもらうためのデモンストレーションですが、功夫茶の作法に則《のっと》っています。

【前菜】

功夫茶のおもてなしの後に、前菜が出てきます。

料理の繊細さや美しさはもちろんの事ながら、工芸野菜の美しさも秀逸《しゅういつ》です。人参や大根等の根菜類を用いて花や鳥を緻密に彫り上げた美しい作品は、前菜の料理を一層艶《あで》やかに演出していて、一瞬で潮州料理に魅せられました。

【大菜】

潮州料理の有名な特徴として湯《タン》（スープ）料理があります。「淡《タン》」のあっさりした味と「甜《ティエン》」の甘味があり、ゆっくりと時間をかけて作ります。淡の料理の食材としては、燕窩（つばめの巣）や魚翅（フカヒレ）、海参（ナマコ）、魚肚（魚の浮き袋）等の高級乾貨があります。

豚肉や鶏、魚介類の潮州料理には、タレが欠かせません。食卓には咸・甜・酸・辣・苦の五味に香味等各種の調味料を混合したタレが、数えきれない程並びます。

その中でもタレの王様と言われているのが「沙茶醬《サアチャヂァン》」です。料理の隠し味や鍋物のタレとしても広く使われ、潮州を冠した調味料として多く出回っています。マレーシアから潮州・汕頭地方に伝来したと言われていますが、汕頭の師傅達が新たに開発し作り変えて有名になりました。沙茶醬の原料は蝦醬《シアヂャン》、五香粉、芝麻粉、椰子の実、生姜、唐辛子、ネギ、ニンニク等です。それを粉末状にして、塩・砂糖を加え、花生油や椰子油等を鍋で炒め煮して、ねっとりした醬に仕上げます。サアチャはマレー語から由来して、三つの肉の塊の事です。肉の塊を竹串に刺して、煮たり炭火焼きしたりして沙茶醬につけて食す事から「つけて食べるタレ」の呼称となっています。

清燉鴿呑魚翅《チンドゥンゴウトンユイチ》（ハトの高級フカヒレスープ仕立て）

素晴らしく上等な料理です。ハトの内臓を抜いて袋状になった皮の中に、下処理した繊維状のフカヒレ（つばめの巣の場合もあります）を入れ、ハトの形に戻して、スープでゆっくりと味を含める「淡」のスープ料理です。スープを澄んだまま碗に注ぎ、その後具を美しく取り分けるために、サービススタッフはかなり高度なテクニックを要します。

鳳城生滑魚《ホイセンシンワッユイ》（広東語　刺身料理）

新鮮な魚介類・刺身料理は、正月料理として年の暮れ十二月頃から春節にかけて食べる習慣があります。中国人は現在でも魚を生で食べる習慣はありませんが、潮州人が華僑としてもたらした刺身料理は、東南アジアの国々で知られるようになりました。

【甜菜】

潮州の人は甘味の料理が好みのようです。例えば咸肉《シエンロウ》は塩漬け発酵が一般的ですが、東南アジアや台湾等で作られる腸詰め「潮州燻咸肉《チャオゾウクンシエンロウ》」は砂糖やサトウキビ等を加えた甘味のソーセージとなっています。芋や馬蹄（黒くわい）、豆類（小豆・グリンピース等）等を泥《ニィ》（あんこ状）にして、団子にしたり炒めたりします。

東江料理

広東の東江下流地域の料理を、東江料理と呼んでいます。

俗に客家《ハッカ》料理とも呼ばれ、数十年前には池袋の「東江楼」等都内にも専門店が何軒かありましたが、今は殆どなくなったようです。

客家とは、元は黄河流域の中原から出て、現在は中国の南部西部から台湾、東南アジア、欧米、アフリカまで客家文化を保持しています。孫文や鄧小平等多くの有名人を輩出したことでも知られています。

福建省と広東省には、客家族と呼ばれる同じ苗字を持った何十世帯もの人達が土楼で永住している珍しい住居があり、今は世界遺産になっています。

塩焗鶏《イエンヂュイヂィ》（塩漬け鶏の焼きもの）

東江には塩田があり、塩の持つ旨味で仕上げた塩焗鶏が有名です。

東江譲豆腐《トンチャンニャンドウフウ》（東江豆腐の挽肉詰め蒸しネギ生姜オイルソースかけ）

水がきれいな東江を冠した代表料理です。

四角に切った豆腐の上部に匙《さじ》で穴を開け、その中に挽肉や刻んだエビや魚、シイタケ等を混ぜた肉餡やエビ餡等を詰めます。

それを皿に並べて蒸した後に、ネギや生姜のみじん切りを散らし、魚露や醤油を回しかけ、最期に熱い油をジャッとかけて食べます。家庭的な料理でもあります。

梅干菜扣肉《メイガンツァイコウロウ》（干菜入り豚バラ肉蒸し煮込み）

梅干菜は干し菜です。生のまま干したものと、青菜を塩漬けしてから干したものがあります。紫蘇《しそ》に浸してから干したものや醤油に漬けて干したものもあるようです。地方色がありますが、広東の梅干菜が有名です。

家庭では、豚のバラ肉を三センチ位の角切りにして漬物と一緒に鍋で煮て角煮にします。宴席では、肉と干菜を器に詰めて蒸し煮にして、美しい長方形の扣肉に仕上げます。

四川料理（川菜《チュワンツァイ》）

四川料理は、揚子江上流の、山々に囲まれた盆地の気候風土によって生まれた料理です。四川省という名は、成都平源を通って流れる岷《みん》江、沱《だ》江、嘉陸《かりょう》江、涪《ばい》江の四本の大河が盆地を横切って、揚子江に合流している事が由来とされています。寒暖差が厳しく、山あいに溜まる湿度が悪影響を与える「瘴気《しょうき》」が立つ盆地特有の土地柄なので、四川料理はその予防のための「医食同源」の料理としても、発達してきました。

四川省と雲南省辺境山脈から東部へと流れる三峡のダムが二〇〇九年に完成して三峡下りができるようになったので、四川への旅が一層楽しくなりました。重慶を発し上海までの二泊三日の船旅は、史跡や奇観が多く、長江観光の名所となっています。

四川省は内陸なので、海の幸は高級乾物や加工品を用いています。魚は全て川の淡水魚です。しかし豚肉や牛肉、山の幸である野菜は、とても豊富です。

非常に辛い料理という印象が強いのですが、本来は様々な調味料や香辛料を駆使して、魚香《ユイシアン》、酸辣《スワンラー》、麻辣《マーラー》、紅油《ホンイウ》、椒麻《ジャオマア》、怪味《コワイウェイ》、宮保《コンパアオ》等をバランスよく配合し、複雑な味を創り上げています。

主要な調理方法は、乾焼《ガンシャオ》・乾煸《ガンピェン》の如く、炒め煮や炒り煮等、比較的水分を飛ばした料理が多いようです。

漬物

四川《スーチュワン》搾菜《ヂァツァイ》と呼ばれる搾菜《ザーサイ》が有名です。

搾菜は、塩漬けした後に重石《おもし》をして汁を絞ります。搾は絞るという意味があるので、搾菜と名付けられました。大心菜《ダァシンツァイ》（高菜の茎が肥大したもの）を使っています。いい味が出るので「搾菜肉末《ヂァツァイロウムオ》（挽肉との炒めもの）」「搾菜肉絲《ヂァツァイロウスウ》（豚やタケノコの細切り炒め）」「搾菜肉絲湯《ヂァツァイロウスウタン》（豚やタケノコの細切りスープ）」等、幅広い料理で用いられ、人気があります。

日本には搾菜の漬物のみが入荷されていましたが、大心菜の栽培ができるようになったので、生搾菜等の呼称で一時は人気が出ました。生食用として和え物に使われたり、炒めものやスープにも用いられたりしていました。

しかし今では全く見られなくなり、再び漬物だけが用いられています。

四川泡菜《スーチュワンパァオツァイ》も、有名な漬物です。

野菜の漬け汁は、広口の甕《かめ》や瓶で作る事ができます。専用の甕「泡菜罈子《パァオツァイタンズ》」があれば、蓋をかぶせる溝に水を張る事で空気を遮断できるので雑菌も入りにくくなり、何年も何十年も漬け続ける事ができます。

家庭で作る場合は、熱湯六カップと塩三十グラム、山椒大匙二杯を、大きな広口瓶に入れます。汁が冷めたら酒四分の一カップ、生姜の薄切り数枚、切込みを入れた赤唐辛子二、三本を入れます。これで漬け汁の出来上がりです。

野菜は、皮つきの大根（皮が美味しいので）や人参、キュウリを、やや厚めの薄切りにします。キャベツはざく切りにします。いずれも、洗ってから水気がすっかり乾くまで半日位かける事がポイントです。

初めに外葉等を使って試し漬けをして味を調整すると、五回目位でようやく美味となるようです。

ただし、塩と酒を足したら味を確認してください。また、出し入れの際には箸等から油気が混入しないよう、厳重に気をつけます。

おやつ・夜食・小菜

四川には、他の地方と少々異なった習慣があります。

三度の食事の他におやつと消夜《シャオイエ》（夜食）を食べるのです。作り置きした点心類や落花生、芋類等、簡便なものが殆どです。

料理店では、日本のお通し（突き出し）感覚の簡便な小菜（小皿料理）が何種類か自動的に供される場合があります。酒の肴だけでなく、粥やご飯のおかずにもなるものです。

四川料理は伝統料理の中で最も家庭的な料理と言われています。白飯に合う料理だからでしょう。

涼《リャン》 拌《バン》干絲《ガンスウ》（押し豆腐の和え物）
炸花生米《ヂァホアションミイ》（ピーナッツの揚げ物）
麻辣黄瓜《マーラーホワンゴォワ》（山椒唐辛子風味キュウリの漬物）
麻辣芥菜《マーラーヂェツァイ》（山椒唐辛子風味の漬物）等

宴席料理

【前菜】

前菜は冷菜が殆どですが、四川料理ではとりわけ冷たい料理が供されます。冬期には、熱い前菜が供されたようでした。

回転式の丸盆の上に組み合わされた七つの小皿に滷菜《ルウツァイ》（醬油煮）や拌菜《バンツァイ》（和え物）をそれぞれ盛る事が多く、「七星轉盤《チィシンヂョワンバン》」と呼んでいます。日本では刀工《タオコォン》の名手の調理人が多く、七星拼盤《チィシンピンバン》と称したり、大皿に絵のように表現して見せたりする前菜が多かった時期もありました。

冷たい前菜の二種盛り合わせで四皿出る時もありましたが、現在では一皿に盛りつけた名菜がたくさんあります。

蒜泥白肉《スワンニイパイロウ》（茹で豚肉の薄切りニンニク風味ソースがけ）

雲白肉《ユンパイロウ》とも呼ばれ、豚のバラ肉を茹でて薄切りにすると、雲のような風情になります。蒜泥はニンニク風味のソースです。白切肉《パイチェロウ》や白肉片《パイロウピエン》等、地方的により多くの名前があります。

椒麻腰片《ヂァオマーヤオピエン》（豚マメの薄切り山椒風味）

最近内臓料理が少なくなりましたが、美味です。豚マメは高価ではありませんが、下ごしらえが大変で時間がかかります。下処理をして薄く切り、たっぷりの水で晒《さら》し、その後白っぽくなるまでこまめに水を替えるか水に晒します。
水気を拭き取って皿に並べ、山椒ソースを回しかけます。

麻辣豆魚《マーラードウユイ》（もやし、クラゲの湯葉巻唐辛子ソース）

この料理も少なくなりました。湯葉で包むもやしが白く魚の細切りのようなので「豆魚」の名が入ります。さっと茹でて水をふき取り、クラゲ等と一緒に湯葉で細長く包みます。鍋に並べて油で焼き、長さを揃えて切って皿に盛りつけ、麻辣ソースをかけます。

乾煸四季豆《ガンピエンシズドウ》（インゲンの空々炒め）

インゲン一皿分を、中温の油でゆっくり揚げます。油を切った鍋にインゲンを戻して軽く熱し、油が滲《にじ》み出てきたらインゲンを取り出します。その油で薬味を炒め、干しエビ等を加えて調理して風味が出たら、インゲンを再び戻して軽く炒めます。
前菜やご飯のおかずとして、重宝です。

乾煸冬筍《ガンピエントンスン》（タケノコの空々炒め）

タケノコを櫛《くし》形に切って、「インゲンの空々炒め」と同じ方法で仕上げます。
水分がなく一日置きっぱなしにしても傷まないので、家庭的な料理でもあります。

陳皮牛肉《チンピィニュウロウ》（牛肉のスパイス風味煮）

陳皮の風味が豊かに香る、噛みしめて食べる料理です。

私の大好物ですが、日本では牛肉が高価なので日本の宴席ではなかなか出てきません。

怪味鶏《ゴワイウェイヂィ》（鶏の四川変わりソースかけ）

メニュー名の如く、茹で鶏のソースは一つの味が突出しない奇っ怪な味付けです。

胡麻ソースをベースに、五味の調和を取っています。

棒棒鶏《バンバンヂィ》（茹で鶏の胡麻ソースかけ）

鶏を一羽茹でて、棒で叩いた肉を骨から手で外したのが、メニュー名の由来です。

今は部位を蒸して細切りにして胡麻ベースのソースで食べる、広く知られた料理です。

【大菜】

魚は、お目出たい席で用いられる大切な食材です。結婚式のメニューに魚料理が載せてあるのに入手できない時には、皿の上に木彫りの魚を載せると言われています。私が四川を旅した時には目にする機会がありませんでしたが、数十年前に四川の映画「芙蓉鎮《ふようちん》」が日本のテレビで放映された時に、そのような料理の場面を観た事があります。皿の上に魚が一尾鎮座《ちんざ》していましたが、意外と小さな彫り物でした。

乾焼《ガンシャオ》（汁気がなくなるまで炒め煮する）した「乾焼魚翅《ガンシャオユイチ》（フカヒレの煮込み四川風）」「乾焼龍蝦《ガンシャオロンシヤ》（有頭の大きなエビの炒め煮）」等、日本人好みの料理がたくさんあります。

昔新鮮な魚がない時は、鮒《ふな》等を泡辣椒《パアオラージャオ》（唐辛子を泡菜汁に漬けたもの）の汁に浸し置き、魚の移り香の唐辛子を料理に用いて、魚を入れないのに「魚香」のメニューとしました。魚を調理する時の調味料を使って同じ味付けに仕上げたから、とも言われています。例えば「泡辣河鰻《パアオヂアオフウマン》」はうなぎの唐辛子風味蒸し煮となります。「魚香茄子《ユイシャンチェズ》」はナスの泡菜風味となります。肉であれば「魚香肉絲《ユイシャンロウスウ》」「魚香牛腩《ユイシャンニュウナム》」等、多くのメニューが作れます。

水煮牛肉《シュイデュウニュウロウ》（牛肉の麻辣ソース仕立て）

牛肉を山椒風味と唐辛子の麻辣風味でさっと煮ます。昔は塩職人が、労役に使用した牛の硬い肉を薄く切り、塩を入れた湯にさっとくぐらせて食していました。料理店では、美味な牛肉料理として、肉や野菜にも拘り、緑の美しい萵筍《オウスン》（チシャトウ）等を添えて、麻辣風味で出しています。

宮保鶏丁《ゴンパオヂィディン》（宮保好み鶏の角切りカシューナッツ入り唐辛子炒め）

　四川総督の丁氏が考案し好んで作らせた料理で、甜・酸・辣・咸と調和した味で評判になったというエピソードがあります。

樟茶鴨《ヂァンチャアヤ》（あひるの燻し焼）

　樟（くすのき）と茶、香辛料で燻《いぶ》した後、油で揚げ、色艶《つや》と風味を添えた名菜です。

粉蒸肉《フェンヂョンロウ》（豚肉の米粉入りスパイス蒸し）

　米を洗って乾かし、花椒・桂皮・陳皮等を加え、フライパンで一緒に炒って香りを出し、米のみを粗く挽《ひ》きます。調味料で下味をつけた肉に粗挽《あらび》きした米をパン粉のようにまぶして絡《から》ませ、蒸します。

　かぼちゃの中身をくりぬいて器にし肉を入れて一緒に蒸して大皿で供したり、ハスの葉で包んで蒸して香りを楽しんだりと、宴席でいろいろな表現を楽しめる料理です。

灯影牛肉《ドンインニュウロウ》（牛肉の薄切り麻辣つけ）

　塩漬け・陰干し・揚げ・絡める等いろいろな工程を経て仕上げます。仕上げの肉は紅いセロハン紙で三角錐の形に包んで立体的に盛りつけ、それに灯りを当てるとステンドグラスのような美しさです。

　四川で食べた、噛みしめるような肉の味は忘れられない美味しさでした。

干煸《ガンピェン》　牛肉絲《ニュウロウスウ》（牛肉の空々炒め）

水分をとばしてカラカラになるまで炒めるので、肉がやせ細ってしまいます。牛肉が高い日本では高価な料理になってしまいますが、噛みしめながら食べる旨味は本当に美味です。

四川料理は辛いばかりではなく、「開水白菜《カイシュイバイツァイ》（白菜の澄んだスープ煮）」や「成都素烩《チヲンドウスウホエイ》（成都風季節野菜のうま煮）」等、あっさりした野菜料理もあります。

鶏豆花《ヂィドウホワ》（鶏のすり身おぼろ豆腐のスープ）

淡い塩味の品の良いスープです。卵白に鶏のすり身をきれいに混ぜて溶かし合わせ、スープに流す美しさが豆花という表現になりました。卵白を混ぜ合わせる事とスープに流す温度によって良し悪しが定まる、技術を要するスープの名菜です。

肝糕湯《ガンガオタン》（レバーの器蒸しスープ）

豚や鶏のレバーを叩いてすり身にし、スープを加えて濾《こ》し、器に入れてプディング状に蒸しあげます。これをダイヤカット等にして、上品な塩味のスープに浮かべます。蒸すときに緑の香菜の葉や赤い火腿等をレバーの上に散らすと、軽やかな色彩が表面を飾り、美しい名菜となります。

【点心・麺】

担々麺《タンタンミエン》（すり胡麻辣油入りスパイス風味の麺）

ミンチ状の肉に、搾菜、蝦米《シャーミイ》（干しエビ）、ネギ等をみじん切りにして加え、紅油《ホンユウ》という紅い辣油とすり胡麻風味を効かせた麺です。

本来「担」とは荷を担《かつ》ぐ意味で屋台そばです。道具を担いで商売をするのでスープがありません。日本では和え麺よりもスープ麺の方が食べやすいという事でスープを加えるようになったようです。湯碗でスープを別添えにしてもいいと思います。

【甜菜】

芝麻《チマー》鍋炸《グウオヂア》（揚げカスタード胡麻風味かけ）

カスタードクリームを作り、バットに入れて冷やし固めます。それを指位の大きさの拍子切りにして一つずつ片栗粉をまぶして油で揚げます。

皿に並べた揚げカスタードの上に、すり胡麻と砂糖を混ぜたものをかけて出来上がりです。

玫瑰《メイゴェイ》（バラ科ハマナスの花）や桂花《ゴエイホワ》（きんもくせいの花）の露《ルウ》（香りを移してシロップにしたもの）を回しかけてその名を付ける等、いろいろな風味が味わえます。

青豆泥《チンドウニイ》（グリンピースの餡炒め）

新鮮な豆を煮て、砂糖を加えてあんこ状にし、鍋で油炒めして、大皿にねっとりと載せて均《なら》します。グリンピース餡（緑色）と、小豆餡（赤色）やインゲン豆餡（白色）等の二色を陰と陽の対局型（S字型）に盛りつけると宴席を〆るデザートになります。今はパティシエが作るデザートの広がりで、このような大皿のデザートは見かけなくなってしまいました。

氷糖銀耳《ピンタンインアル》（白きくらげのシロップ仕立て）

四川特産である白きくらげの乾燥品を戻してシロップ煮にする、白くて美しいデザートです。

日本では冷たいものが多いのですが、中国では季節によってはフルーツのシロップ煮も白きくらげのシロップ仕立てと同様に温かくして供する事もあります。

閩菜《ミンツァイ》（福建料理）、湘菜《シャンツァイ》（湖南料理）、台菜《タイツァイ》（台湾料理）は、第四章でご紹介します。

第三章　中国料理の春夏秋冬

春夏秋冬

「中国に四季なんてない」とおっしゃる中国の方が、多いように思います。中国は広大ですから、それも当然かもしれません。

しかし古代中国の自然の摂理の中、陰陽五行では春夏秋冬は飲食にも受け継がれています。しかも五行は五季ですから、夏を二つに分けて「春・夏・長夏・秋・冬」と五つの季節にしています。

一年の歳時記には、年中行事が組み込まれ、節物が受け継がれてきました。それが日本の食文化にどのような影響をもたらしたのか、日本に伝わっている行事食にどのような由来があるのかも、歳時記と共にご紹介します。

五季と五味

五季に対して、五味を当てはめています。

春は酸味《ソワンウェイ》、夏は苦味《クウウェイ》、長夏は甜味《ティエンウェイ》（甘味）、秋は辣味《ラーウェイ》（辛味）、冬は咸味《シェンウェイ》（塩味）です。

そしてそれらの味が、五臓の内臓にも影響を及ぼすのです。

春

もっとも好まれる季節は、春かもしれません。気候はまだ冬なのに「初春」や「早春」等の表現が使われるのは、冬から少しでも早く脱却したい思いの表れなのでしょう。

立春

立春は太陽の運行に基づいた二十四節気の一つで、農歴の小寒の次の節気です。日本では、立春前日の行事として「豆まき」が知られています。中国では、春節（旧正月）よりも前に立春が来る事が多いようです。

凍てつく大地の冬が長い中国北方や東北地方では、春を待ち望んでいる気持ちが食物で表現されています。

「春一番の食べ物として、土から出た芽を、土地柄の小麦粉製品の餅に包んで食べる」という習慣がありました。中国の餅《ビン》は、日本で米から作る餅とは別物です。小麦粉で作った丸くて薄い形状で、餃子の皮より大きくなっています。烤鴨（北京ダック）を包んで食べるクレープ状のものと言えば、分かりやすいでしょうか。

立春の食べ物「春盤《チュンバン》」は、春餅と五辛盤のセットとなっています。

春餅は、その薄い皮で春の香味野菜等を包んだものを指します。

五辛盤の「五辛《ウシン》」は、古来より大蒜《ダースワン》（ニンニク）、小蒜《シャオスワン》（のびる）、韮菜《ジュウツァイ》（ニラ）、雲苔《ユンタイ》（なばな）、胡荽《フウソェイ》（香菜）で、匂いの強くて生で食べると辛味のある五種類の野菜の事です。全て薬効が高く、一種の邪気払いにもなっています。

しかし五辛盤には心里美《シンリメイ》（拍子切りした紅芯大根）も載せます。春に大根を食べる事を咬春《ヤオチュン》と言い、春の眠気を遠ざけると伝えられていたからです。

現代中国の家庭においてはこのような習慣はなくなってしまったようですが、この春餅さえ作れば、春餅席を設《しつら》える事ができます。

例えば、棒状に切った煮豚や叉焼、卵の炒めもの等、ご馳走的な料理もそれぞれの皿に盛ると、豪華な春盤になります。是非お試しください。

甜麺醤《ティエンミエンヂャン》（甘味噌）を餅に塗り、具を包んで食します。味噌が固い場合は、胡麻油等を加えて滑らかにします。

「春巻」は日本ではいつ食べても中身が同じですが、本来はこの春野菜を巻く春餅から「スプリングロール」として発展したものです。春以外の季節にレストランや家庭で中身を工夫してみると、更に興味深い点心になると思います。以前秋に食事会を企画した際に、季節感のある「秋巻」をお出しして、とても好評だった事があります。

春節

春節は旧暦の正月で、大体立春の前後となっています。

年飯《ネエンファン》（米飯の飾り物）や年菜《ニエンツァイ》（お節料理）に使う食材や植物には、日本と同様に縁起物が豊富にあります。お目出たいとする意味や形は、第五章をご参照ください。

尚、魚や肉等時間を要する年菜の仕込みは、冬の項でご紹介します。

年飯

年飯は、新年に先祖の慰霊のために供《そな》える米飯の飾り物です。

家の玄関に、食材に願いを込めて造った置物や祈りを込めた祝いの花々を飾っていましたが、今は中国料理店でその名残を留《とど》めているくらいになってしまいました。

「余《あま》りある糧《かて》があるように」という祈りを込めた盆を、今でも中国人が経営する店で稀《まれ》に見る事ができます。炊いたご飯を盆の中に盛り、その上を金箔や元宝銀《ユアンパアオイン》（清朝のお金）で飾り、松の枝を刺します。枝の元には、棗や栗、龍眼、茘枝（ライチ）、干柿等を配置します。

昔は門の両脇に設えるものとして「春聯《チュンレン》」がありました。赤い紙に筆字で吉祥の対句が飾ってあります。日本でも、中華街や大きな中国料理店で春節に見る事ができます。

春聯の前身「桃符《タオフウ》」は、桃の木で作った札に書かれていました。西王母の桃は寿桃の如く四千年に一度実をつけるところから、長寿を意味します。また刀《タオ》、逃《タオ》、兆《タオ》と同音である事から、悪魔を切り倒す、逃れる、良い兆しがある等の意味が含まれています。

中国では、地域によっては花の先駆けとして「水仙」を、木々の先駆けとして「梅」を、正月花として生けます。水仙の仙は「鮮」に通じます。それを水盤に生け、その脇に梅の花を投げ入れた花瓶を置きます。

生姜は、竹のように根が張っているので、仲間や家族との結束力や繋がりを表現します。以前香港の料理店で、楊枝等を使って生姜を積み上げて大きな岩石に見立てた飾り物を見た事があります。とても素晴らしい景色でした。

柑橘類にも、多くの縁起物があります。日本では橙《だいだい》をお餅の上に載せます。香港をはじめ南の広東系の地方では、金柑の大きな鉢を、料理店や家庭の入り口の両側に門松のように置く事があります。仏手柑は、仏様の手を軽く握ったような珍しい形をしたもので、置物として使われています。

元旦から始まる十五日間の食べ物を、ご紹介します。

庶民の春節は、各地で風俗習慣の違いはありますが、水餃《シュイヂァオ》（茹で餃子）、餛飩（ワンタン）、年糕《ニエンガオ》（餅）、饅頭（まんじゅう）等の小吃・点心類が主な食べ物です。

餃子等は、普段は主食として食べています。地方によっては皮が厚く数個食べたらお腹がいっぱいになりそうなボリュームですが、一般的に女性は三十個、男性は五十個位食べるようで、びっくりしたものです。ご馳走がある正月は食べる数が少なくなるようですが、お正月ならではの楽しみもあるようです。

宮廷では「餃子の餡の中に真珠などの宝石類を隠して、当たりくじにした」という話が残っていますが、一般庶民も一家団欒の食事の中で当たりくじを探す楽しみを持っていました。

餃子に花生《ホワション》（ピーナッツ）が入っていれば長生・長寿を意味するので、老人もその家族も喜びました。紅棗《ホンザァオ》（なつめ）が入っていれば早々《ザオザオ》と良事が早まる事を意味するので、妊婦であれば子どもが無事に早く生まれるという楽しみを家族で共有しました。

秋の実りを乾燥させたドライフルーツの多くは吉祥如意の食材で、しかもお手軽な価格で手に入ります。皆様がお集まりになる時には、餃子だけでなく今風のスイーツ等の中にも入れて、運試しのお遊びを楽しんでみてはいかがでしょうか。

丸いお饅頭も、餃子と同じく正月には欠かせません。

吉祥偶意を意図する柑橘系の晩白柚《ばんぺいゆ》は、ドッジボール大でザボンに似ています。柑橘の小さいものは小吉ですが、晩白柚は大吉なので、お目出たい食材です。美味しいので、宴席の水菓子としても供されます。

日本の秋の柿は、春節には干柿《ガンシー》として出回ります。柿《シィ》は事《シー》と同音で、良事を意図しています。この干柿が二つ、晩白柚と共にメニューに入ると菜単名は「事々大吉」となります。事々は柿二つですが、円卓の人数に合わせてたくさん供すると良事が重なるので、尚更良しとなります。


正月七日は、日本でも七草粥を推奨していて、スーパーマーケットで七草のパック詰めを見て買い求めた方もいらっしゃると思います。粥に野菜を入れて煮ます。

長江沿岸の華南地方では、七草の羹（とろみ状のスープ）を食します。


春節十五日は「元宵節《げんしょうせつ》」です。団円《トワンユァン》を意味し、家族で正月の打ち上げを祝い、茹で団子を食します。元宵節は美酒佳肴の宴をする事が多いので、現在でも中国料理店では「元宵節宴」と称したフルコースには、必ず元宵団子を入れています。

茹で団子は、地方色豊かです。北方では、甘い餡入りの団子を茹でた汁と共に湯碗に注ぎます。上海系では、みかん等が入った甘酸っぱい風味のシロップ仕立ての中に餡の入っていない小さい団子が数個入っています。広東系は、シロップ仕立ての餡入り蒸し団子です。皆様は、どのような茹で団子を召し上がった事があるでしょうか。

春節の宴席料理

日本の中国料理店でも、春節の期間はもちろんのこと、二月までは吉祥如意の寓意を持つ料理を出しています。

店の入り口両側には春聯を飾り、いろいろなお目出たい飾り物を設えて、中国ならではのお正月を盛り上げます。

皆様もご家族やご友人の方々と春節宴・元宵節宴等を催して、一年の出発をなさってはいかがでしょうか。

広東料理店では「発財好市《ファチョイハオシー》」という春節メニューが有名です。

髪菜《ファツァイ》（淡水の藻）は発財と同音ですから、お金儲けの意があります。一緒に煮る食材は蠔豉《ハオシー》（生牡蠣を干したもの）で、好市《ハオシ》と同音です。

【華（花）メニュー】

師傅が中国人の場合は「華（花）メニュー」という特別メニューが供されます。

一般的な料理名は、調理方法や食材の組み合わせ等が書いてあります。

しかし華メニューには、百景開福臨碟（全ての事が幸せになりますように）、大洋対彩歓騰（みんな楽しく過ごせますように）、大金銀翅程翔（大きな金と銀の翼を広げ、どこまでも飛んでいる様子）等のメニュー名が料理名の代わりに並びます。美しくて豪華な表現を組み合わせる事で、お正月特有の願いを込めたフルコースに仕立てるのです。

春節には、大菜の最後に魚一尾の「座菜」が出る事が珍しくありません。魚《ユイ》は有余《ヨウユイ》に繋がり、金銭的・物質的な有余や精神的な余裕を願って「年々有余《ネエンネエンヨウユイ》」というメニュー名になります。

魚は、海に恵まれていない地方では淡水魚です。

南方の広東系は、海産の種類が多く、特に石班魚の種類は豊富です。

春節も終わり、日本でもよく知られている春の行事に、新暦の四月に入った頃の「清明節《せいめいせつ》」があります。

日本では丁度春の彼岸の中日にあたる日から数えて十五日目を清明と言っていて、先祖を祭る盛大な節日です。中国でも、清明節は今も残っていて広く知られている節日です。

●コラム　刺身料理

三十年位前、シンガポールからタイのプーケットまで船旅をした時の事です。船の中での日々の食事は洋食でしたが、途中マレーシアで下船した時は個々に昼食を摂る事になりました。折しも当日は春節で、中国料理を食べたい仲間達とレストランに入りました。まるでホテルの大宴会場のような広さですが、お客様の姿はありません。しかしお正月メニューをオーダーし、食事が進むうちに、いつの間にか満席になっていました。

私は皆様がどんな料理を召し上がっているのかどうしても確かめたくて、小走りで見て回りました。すると殆どの方が、同じ正月料理を食べていたのです。

大きな尾頭付きの刺身の一皿で、香菜や酢漬けの生姜等を薬味とし、ナッツのみじん切りと揚げワンタンが添えてあります。魚は石班魚系のハタでした。それに花生油《ホワションイウ》（ピーナッツ油）と塩を振り、醬油や魚露《ユイルウ》（ナンプラー）を少々回しかけ、箸で混ぜて食べていました。

前述したように「鳳城生滑魚」は広東料理の一般的な料理で、宴席菜にも組み込まれており、また南方系の華僑の方達が大好きな正月メニューでもあるようです。

夏

夏に対しては、春を待ちわびる時のような嬉しさはないようです。地方によっては過酷な季節と言ってもよいからです。

例えば湿度の高い長江流域の重慶・武漢・南京の暑さは、中国の三大ボイラーと言われるほど有名です。四十数年前、三峡下りで重慶を出発し、武漢、南京を通って最終地点の上海まで行きましたが、まさに納得の暑さでした。

暑くて長い夏なので、前述したように中国では前半を「夏」後半を「長夏」に分けます。

立夏

日本では新緑の清々しい季節で、初夏の風を心地よく感じます。「目に青葉、山ほととぎす、初鰹」等、走りの美味を楽しむ季節でもあります。

中国でも似たような風習があります。例えば江南地方では、新鮮な収穫物の「口福」として李子《リーズ》（すもも）、桜桃《インタオ》（さくらんぼ）、蚕豆《ツァンドウ》（そら豆）、緑茶《リュイチャ》（新茶）等を楽しみます。

李子《リーズ》（すもも）

桃を小さくしたような可愛い形の李子は、古代は「食べると顔が美しくなる」と言われていました。その果汁を酒に混ぜて飲んでいた事もあったようです。夏負けしないようにという事なのかもしれません。果実は酸味があり、生食すると涼を感じ、爽やかに夏を過ごせたのでしょう。私も、子どもの頃庭にあったすももをかじった事がありますが、酸っぱいので今はあまり見かけなくなりました。

種の中から出てくる白いものは「仁」と言って、苦くて薬用として使われています。

杏子《シンズ》（あんず）

華北の立夏の新物である杏にも、種の中に仁があります。

杏仁《シンレン》（きょうにん）として、果肉よりも価値がある漢方薬です。

中国料理のデザート杏仁豆腐は、漢方薬名では北杏《ペイシン》（苦）と南杏《ナンシン》（甜）と呼ばれる二種類を調合して挽いて用いますが、仁には微毒があるので、必ず火を通して仕上げます。

そういえば子どもの頃「梅の種の中（仁）を食べると、バカになる」と言われたものでした。おそらく、この微毒への注意喚起だったのでしょう。

中国料理店の多くは、エッセンスで香りをつけ牛乳やエバミルクで調整していました。

杏仁の価格は高く、手間をかける事ができなかったからだと思われます。

中国食材として市販されている「杏仁霜《シンレンシャン》」は、杏仁粉や砂糖、糊化状になる米の澱粉等が入った便利なアーモンド汁粉の素です。喉《のど》の妙薬でもありますので、温めて頂くと良いでしょう。ゼリーを作る際には、ゼラチンや寒天等を加えます。

●コラム　杏林

中国との国交回復直後は、国内を見学したいと願い出ると、「はだしの医者」というキャッチフレーズで中国側が案内したいと思う場所にお付き合いしなければなりませんでした。しかしそのおかげで、中国の実情に触れる機会を得る事ができました。

農家の人達は、病気等で医者にかかるのは大変でした。病を治して頂いたお礼として、金銭の代わりに杏子の苗を差し出していたようです。医者がそれを家の周りに植えると、木が生育し実を結びます。結果、杏の木が林になるほど多い事は名医の称号となったようです。また、実よりも種子が高く売れるので、医者への恩返しもできるという事です。

日本にも杏林堂という病院がありますが、これは医者の功名という意味のようです。

桜桃《インタオ》（さくらんぼ）

日本のさくらんぼは、赤いダイヤと言われるほど高価ですが、とても美味です。しかし中国のさくらんぼは、全く違います。改良されていないので形も色も不揃いで、露店で売られていました。夏の北京で初めて食べましたが、甘味よりも酸味が強く夏の酸っぱい思い出となっています。その後この時季に何度も中国を旅しましたが、他の地方でさくらんぼを目にする事はありませんでした。華北華中辺りだけのフルーツだったのかもしれません。

しかし、この味に似せて作る甘酸っぱい料理は、何度も食べる事ができました。「糖酸桜桃肉《タンツウインタオロウ》」は、さくらんぼは入っていませんが甘酸っぱい風味を感じさせる料理名となっています。細いスペアリブ（骨付き肉）をサイコロ状にぶつ切りし、砂糖と黒酢風味で仕上げます。揚州名菜で、以前は前菜の後に出る熱炒でしたが、今では大菜になっています。これは清朝最高のグルメ皇帝として有名な乾隆帝（第六代皇帝）が必ず食べるお気に入りのメニューでした。乾隆帝がお気に入りの江蘇の料理人張東官が作った「糖醋桜桃肉一品」の料理法が北京の御厨房に残されており、西太后の時代まで同じ料理法で作られていたそうです。

粽子《ゾンズ》（ちまき）

「ちまき食べ食べ、兄さんと…」と歌われているように、日本の端午の節物として粽《ちまき》があります。米や葛《くず》粉、砂糖等を混ぜ合わせて作るういろう餅（薬のういろうとは別物です）を笹の葉で包んで、細めの三角錐に形作るのが一般的のようです。

我が家では、昔は柏の木から葉を取って柏餅をよく作っていました。この時季にはスーパーマーケットで菖蒲《しょうぶ》が蓬《よもぎ》と一緒に売られていて、お風呂に入れたりもします。

都市部では鯉のぼりがあまり見られなくなり、端午の節句の行事は徐々に忘れられそうですが、皆様のお宅ではいかがでしょうか。

中国では、粽子が第一の節物です。

粽子の郷里である湖南省は魚米の里としてまた竹の産地として知られていて「初めは竹筒に米を入れて川に流した」と伝えられています。春秋戦国時代を代表する詩人・屈原は秦の謀略を見抜き、楚の王を諫《いさ》めましたが身に覚えのない讒言《ざうげん》を浴びせられ、自国の将来に絶望して汨羅《べきら》江で入水自殺しました。それを嘆き悲しんだ屈原の姉と川の人民達は、屈原の身体が悪霊に冒されないよう身代わりとして、米を竹筒に入れて川に流して弔《とむら》ったそうです。端午節の食べ物は、伝説とは別に、病気を予防し身体を壮健にするために考えられたと思います。

粽子は、地方色が豊かです。

北の山東省の家庭では、もち米に棗《ザァオ》（なつめ）や紅豆《ホンドウ》（小豆《あずき》）を入れ、笹を縦に数枚重ねて包んだ小ぶりの三角錐です。生の米の中に具を入れ、何時間も鍋で煮て、そのまま冷やしたものに、好みで砂糖をつけて食します。

南の広東省は、種類が豊富です。「什錦咸肉粽《シイヂンシエンロウゾン》（広東語　サァカムハムヨクヂョン）」は、咸蛋《シエンタン》（広東語　ハムタン　塩漬け卵）を中央に射込んだ五目の肉ちまきが、飲茶店の看板メニューです。

「蓮茸梘水粽《リエンロンヂエンシュイゾン》（広東語　リンヨンガンスイヂョン）」は、米に梘水で風味付けして茹でた甘いハスの実餡梘水ちまきです。

東の江蘇省にも、多くの種類があります。長方形の焼肉《シャオロウ》（煮込み肉）を米の中に一切れ入れて笹で包んだちまきや、金華火腿や鶏、鴨を入れたもの等、バラエティーに富んでいます。

台湾では「八宝粽子《パーパァオゾンズ》」という味付けご飯の中央に具を押し込み、竹の皮で包んで成形したものが有名です。

日本の中国料理店では季節を問わず粽子を点心として置いてある店が少なくありません。

蚕豆《ツァンドウ》（そら豆）

蚕豆は、五月五日の端午節の頃、出回り始めます。

柏の中国料理店で「端午節宴」を企画した時は、料理ではなく点心・小吃等で、香港から招聘《しょうへい》した楊均尭点心師が活躍してくださいました。

「五彩甜粥《ウツァイティエンヂュウ》」を作るための買い物に興味津々の私も同行させて頂いたところ、煮豆をいろいろと買い求めていました。グリンピースやうづら豆、黒豆等々、種類と色彩を組み合わせてそら豆や米と一緒に炊く汁粉状の五彩甜粥は、メニュー名の通り美しい彩りの甘い粥でした。

この季節に供する新鮮な豆のデザートとしては、四川料理で紹介した「青豆泥《チンドウニイ》」や「蚕《ツァン》豆泥《ドウニイ》」等、有名な甜菜もあります。

江南地方の洒落《しゃれ》たそら豆料理をご紹介します。

浙江省・杭州の南部、金華《ヂンファ》という工業都市は、イタリアの「プロシュート・ディ・パルマ」、スペインの「ハモン・セラーノ」と共に世界三大ハムと称される「金華火腿《ヂンファフォトェイ》」の産地でもあります。豚の片太腿を塩漬けし、自然熟成させたものですが、生では食べず、蒸して料理に使います。一本丸々乾燥させているものをカットして、蒸したりスープに入れたりシロップ仕立てにしたりすると、名菜の立て役者的な働きをしてくれます。

「火腿 蚕豆《ホウトエイツァンドウ》」は、火腿を粗みじん切りにして、生のそら豆と一緒に炒めたりスープを少々足して仕上げたりすると、ふっくらとしたそら豆料理の出来上がりです。

火腿の入手が難しい場合は、ベーコン等でも美味しく作れます。

「雪菜 蚕豆《シュエツァイツァンドウ》」で使われる雪菜《シエエツァイ》（雪裡紅《シュエリホン》 高菜の種類）も、この地方では知られています。この味によく似た野沢菜の塩漬け等をみじん切りにしてそら豆と一緒によく炒めると、これもまた美味です。少し家庭向きのそら豆料理です。

「火腿蚕豆」「雪菜蚕豆」は江南の名菜にもなっていて、お酒のおつまみとしても前菜としても良いものです。

料理店ではそら豆の皮を剥きますが、新鮮なそら豆の皮は柔らかいので、家庭では皮ごと調理する事も珍しくありません。

山菜

日本の山菜は美味しいのですが、出荷が安定しないので、料理店で出す事は簡単ではありません。中国でも同様で、山菜は家庭で卵焼きに入れたり香味を楽しんだりスープにする事が多いようです。中国の山菜は日本ではあまり知られていないようですが、日本で代用できる山菜もあります。

例えば、香椿《シャンチン》という若葉を刻み、そら豆や豆腐と和え物にした名菜があります。香椿は北京等の漬物店でよく見かけましたが、日本ではタラの芽がお薦めです。

夏のタケノコ緑筍《リュイスン》（みどりだけ）は、あくが殆どなく、台湾等では軽く茹でてマヨネーズで食べたりしています。最近は、日本にも入ってきているようです。

日本では山菜を天ぷらにして食しますが、中国の山菜も油とよく合います。

高山を旅する時に籠を背負って歩く農夫に出会うと、籠の中を見せてもらい少し分けてもらったりしていました。そしてその野菜を、ホテルの調理場にお願いして、揚げたり炒めたりして頂いたものです。旅の楽しみの一つです。

山菜は、新鮮なものを味わえる時季は限られていますが、季節の野菜として中国料理の食材として興味を持って頂ければと思います。

緑茶《リュイチャ》（新茶）

日本では烏龍茶が中国茶の代表のように思われがちですが、中国には「お茶で身上《しんしょう》を潰《つぶ》す」と言われるほど、良いお茶や高価なお茶が多くあります。チューリップの花の歌のように赤（紅）、白、黄があり、それに青、黒、緑を加えて六大茶《リュウダアチャ》と言われています。

中国のお茶の全収穫量の八十パーセントは、緑茶です。茶葉の種類や形、茶の淹れ方、風味は、日本の緑茶と全く違います。種類も豊富でまた高山で採れるお茶ほど美味しいと言われ、珍しい緑茶もたくさんあります。

江南ではどの家庭でも、特に立夏の日には新茶を飲む習慣があったようです。

杭州の龍井茶《ロンジンチャ》が有名です。初めて産地を訪れた時に茶処を見学しましたが、両手を広げるほど大きな鉄釜で、軍手のような手袋をした手で茶葉を掻《か》き混ぜていました、汗だくになりながら四十五分間も煎《い》るとの事、本当に頭が下がる光景でした。

日本で好まれている烏龍茶は、青茶の仲間です。

烏龍茶の故郷である華南・福建省の武夷山《ぶい》は、風光明媚な観光地としても知られています。ここで採れる茶は土ではなく鉱山の岩から生えるのでミネラルたっぷりですが、茶木が育ちにくく大きくならないので、採れる量は限られてしまいます。

岩茶にも、昔話があります。皇帝がこの岩茶に感激して紅袍《ホンパアオ》（赤い陣羽織）をかけた茶木があり、その種の茶葉は「紅袍岩茶《ホンパアオイエンチャ》」と呼ばれ、最高級品とされています。

●コラム　お茶のカビ

数十年前、中国料理の料理教室の生徒さんから「お土産にもらったお茶が、開けたらカビが生えていたので捨てました」というお話を伺った事があります。雲霧茶という大変高価で美味しいお茶なのですが、見た事のない方には産毛がカビに見えたようです。

絶景を望める高い山々には、緑茶のお土産がたくさんあります。

昔話がその背景を語ってくれています。農夫が山に入り茶葉をたくさん採ったのですが、背に担ぐ籠に入りきれない茶葉を懐に押し込み急いで下山しました。家に辿り着いた時、懐の茶葉があまりに良い香りだったので、これを時の皇帝に献上しました。

この茶葉は小さく丸まった形をしていて、まるで田螺《ディエンルウ》（タニシ）のようだった事から「碧螺春《ビイルウチュン》（へきらしゅん）」と命名されたそうです。懐で蒸れた事と摩擦によって、生まれたのでしょうか。このお茶も白い産毛が生えている銘茶で、とても有名です。

茶料理

お茶は「茶宴」の食材として、料理と切り離せません。

エビを緑の新茶の茶液で炒めて仕上げに茶葉を散らすだけの料理「龍井蝦仁《ロンジンシャレン》」は、簡単そうですが、とても難しい逸品です。

エビは、河蝦《フウシャ》と呼ぶ川エビでなければ美味しくできません。

海のエビは炒めるとピンク色になり大変綺麗で美味なのですが、エビの味と香りが濃すぎて緑茶の爽やかな香りが活かされません。小さい芝エビも合いません。せめて南方の白い蝦「バナネイエビ」を使って頂きたいところです。

中国に旅された折にメニューで出会う事があったら、是非とも川エビを食してみてください。

長夏

中国では、日本の土用《どよう》の頃からを「長夏」とし、炎夏を乗り切るための暑気払いの食べ物が、数多くあります。五季と五味では「夏は苦味《クウウェイ》、長夏は甜味《ティエンウェイ》（甘味）」とされていますが、長夏も苦味を美味しく感じる季節です。

暑い時期のビールやアイスコーヒーの苦みは、本当に美味しく感じます。沖縄のゴーヤは今やポピュラーな野菜となりましたが、他にもセロリやゴボウ、そして食用菊等苦味のある野菜を摂ると、のぼせが下がって涼しく感じられます。

五性

医学博士の（故）新居裕久先生が中国の薬食同源を分かりやすく「医食同源」と表現して広められた頃の事です。成人病対策としての料理教室で、先生が講演とメニュー作りを担当し、私は実際に調理するお役目を頂いていました。

そこで学ばせて頂いた事をお伝えしたいと思います。

食べ物は、熱・温・平・涼・寒の「五性」に分けられます。そして、なるべく「平」に近づくように食べる事が好ましいようです。調理方法も大切です。食材に熱を加えたり氷水に晒したり等の調理が伴《ともな》うと、プラス・マイナスの変化が起きるからです。

夏にはスタミナのつく焼肉を選びがちですが、牛肉や羊肉の性は「温」鴨は「平」です。暑い時に温熱効果大の食材を摂り過ぎると体力を消耗するので、鴨の方が良い食材です。豆腐は、それ自体は「涼」です。冬は鍋で温めて美味しく食べられますし、夏は冷や奴で更に涼を呼ぶので、季節を問わない食材と言えるでしょう。薬味である生姜や七味唐辛子等は「温」「熱」ですが、これを用いると格段に美味しくなります。

この「美味しくなる」という事も、すなわち身体に良く、大切な事です。

ウリ類では黄瓜や冬瓜は「涼」で、苦瓜や甜瓜（メロン）、西瓜《シーゴォワ》（スイカ）は「寒」です。バナナや馬蹄《マーティ》（水くわい）も「寒」です。

夏の日本料理のメニューによく出る鱧《はも》やシジミ、アサリ、そして蟹《かに》も「寒」です。

北海道ツアーを企画した時、冷製の蟹料理がたくさん出てきました。しかし意外とたくさん食べられないものです。そこで鍋にして頂いたら皆様再び食欲がわいて完食となりました。「寒」の蟹を冷たい状態でたくさん食したら胃腸が冷えて消化機能が衰えてしまったようです。自分のお腹は「何に反応して、どうなるのか」を知っておきましょう。

●コラム　スイカ

夏のフルーツの筆頭は、西瓜でしょう。しかし中国の宴席でデザートとして食していましたが、甘くて美味しいと思った記憶はありません。

景徳鎮から星子という場所へ昼食のために向かう途中の事です。畑の中の一軒家の前で手招きされて近づくと、長い台の上に黄色くて瑞々《みずみず》しいスイカが並んでいて「どうぞ食べてください」と言われました。お食事前でしたが、喉の渇きを癒《いや》すために数人で食す事になりました。全く甘くありませんでしたが、水分補給はできました。

横を見ると、ホーローの洗面器が置いてあります。「そこに種を入れてくれ」と言われたので皆で吐き出すと、その種がいかに大きいのか分かりました。この種は、西瓜児《シーゴォワァル》という土産物店でつまみとして売られているものでした。私達が吐き出したのは、おそらくその後自家用に使ったのかもしれません。

シルクロードの旅で「哈密《ハアミィ》」という町の哈密瓜《ハアミィゴォワ》畑に案内された時は、フットボール程の大きさで黄色味を帯びた、ベージュ系の網目模様のメロンを食した事があります。その美味しさは、今でも忘れられません。その何年も後に、北海道の「ハネージュメロン」が有名になりました。その淡いオレンジ系の果肉が、哈密のメロンととても似ていました。

長夏の甜味

「涼」の食材が多くなると胃を冷やしすぎがちですが、「甜」の食が改善してくれます。日本の土用の時季にはうなぎばかりでなく土用のお饅頭も売られているので、温かいお茶と共に召し上がってください。

酸梅湯《スワンメイタン》

夏のスタミナドリンクとして「酸梅湯」があります。

以前は濃縮型のドリンク液が発売されていましたが、今は作られていないようです。興味のある方がいらっしゃるかもしれませんので、作り方をご紹介します。

青梅を燻したものが「烏梅《うばい》」という漢方薬として売られています。それに陳皮や山楂《さんざし》、甘草等を少々と水で煮て、甘味として氷砂糖を加えてから、濾して、冷やします。

飲む時には、氷を入れて冷やさないようにしてください。

シャンパンや白ワインをワインクーラーで冷やすように、大きな容器に氷を入れてそこに酸梅湯のボトルを入れて冷やします。「氷鎮」というやり方です。

喉の渇きを癒してくれます。

●コラム　氷室・氷井

初めて「中国の古都巡りツアー」をした時、名所旧跡だけではなくホテルでの素晴らしい料理も堪能したので、その後「西安で夏休みに宮廷料理を食すツアー」を企画しました。フルコースの中で、皆様もよくご存じの「北京烤鴨（北京ダック）」が出てきましたが、冷めているというよりも冷たい状態でした。その理由を尋ねると「大変暑かったので、皇帝様は氷で冷やして召し上がった」との事でした。唐の時代の宮廷料理ですから、玄宗皇帝（在位七一二—七五六年）の時代です。

信じられない事に、その頃には既に氷室や氷井があったようです。皇帝が召し上がった頃の鴨は節物として記載されているので、烤鴨ではなく鴨をただ焼いたり炙ったりして食していたと思われます。氷で冷やすのは皇帝ならではの食文化だったのでしょう。

現在のような烤鴨は、南宋後半の「金陵烤鴨《チンリンカオヤ》」から明浩武年間の「北京烤鴨」へと変化していきました。唐の時代からは、六百年余り後になります。

西安より南下した地方では古来より氷室の氷を担っていて、楊梅《ヤンメイ》（こけもも）や桃子《タオズ》（もも）、花紅《ホワホン》（りんご）等を氷の中に入れて売り歩いていたと、清朝の「清嘉録」に記されています。

乞巧《チコン》（七夕）

吃巧は七月七日七夕節で、唐・宋時代に重んじていた節日です。本来は女性が技巧の上達を乞い、福を願いました。そして巧水《コンシュイ》（果実の糠水）巧餅《コンビン》（小麦粉で作り焼いたもの）巧果《ユングゥオ》（きれいに切ったフルーツ）等を、節物として供えました。

玄宗皇帝と楊貴妃が、七夕の夜に華清池で遊び酒宴を催した話が伝えられています。「楊貴妃」という能の、長恨歌の一節を紹介します。

「天に在らば、願わくば比翼乃鳥とならん。地に在らば、願わくば蓮理の枝とならん」比翼は想像上の鳥で、それぞれ一翼だけを持つため二つが並ばなければ飛ぶ事ができません。蓮理は、二樹の枝が相連なっていて離し難い樹です。

「開元の治」と称えられるほど武勇と政治に長け唐王朝最大の繁栄を築いた智将と想像していた玄宋皇帝が、哀愁に満ちた句を詠んで楊貴妃に愛を誓った事に感動しました。尚歴史によると、二人が出会ってから皇帝は政治が疎《おろそ》かになり、その後国内に反乱等が起った事で楊貴妃は殺されてしまいます。残念な結末です。

【七夕の神話伝説】

中国で鵲《かささぎ》という小さい野鳥の話が出てくるのも、七夕です。

牛郎と織女が鵲橋《じゃくばし》を渡って銀河を超えて逢うというロマンチックな神話伝説がありますが、この小さな鵲が群れを成して橋を作ったのでしょうか。

京王プラザホテル広東料理店「南園」創立記念で、香港の料理人が作る宴席料理として「鵲舌龍園（鵲の舌と緑茶の双葉が入ったスープ）」が供されました。

鵲の舌は、あひるの舌と同じく宮廷料理でよく用いられる食材です。その舌は、アヒルと違い、双葉の茶葉のように小さくて可愛らしい様相で、食べるのが少し申し訳ない気もしました。その時は、七個位入っていたと思います。

満漢全席以外ではなかなかこのような食材には出会えませんでしたので、とても良く覚えています。

長い夏も、七夕でひとまず終わりです。

秋

日本の秋は、初秋・中秋・晩秋といろいろな秋を長く楽しめる季節です。

中国では、秋の節日は「中秋」と「重陽」で、他の季節と比べると行事の数としては少ないようです。しかし、古今を問わずこの二つは重要視されてきました。

夏の暑さが厳しいほど秋風や秋涼を望む気持ちが大きく、実りの秋ともなれば誰もが地方色豊かな食物を望むので、節日の食べ物も豊富です。

立秋

秋とは名ばかりで、残暑厳しい時季です。

「立秋こそ、ウリを食べる」という地方もあるほどウリ類が豊富で、冬瓜《トングォワ》（とうがん）や苦瓜《クウゴォワ》（にがうり）、節瓜《チェゴォワ》（小とうがん）、絲瓜《スウゴォワ》（ヘチマ）等があります。錦絲瓜《ヂンスウゴォワ》（糸瓜《いとうり》）は日本では金糸瓜《きんしうり》として出回っていますが、これはかぼちゃの種類で、和食でよく使われています。

これほど種類が多いので、ウリ尽《づ》くしのフルコースが作れます。

一般的なコース料理の後に、デザート代わりの水菓子として西瓜《スーゴォワ》（すいか）、蜜瓜《ミイゴォワ》（メロン）、香瓜《シァンゴォワ》（まくわうり）が出される事も珍しくありません。

立秋の飲食では、蓮藕《リェンオウ》（ハス）を食べる事も伝統になっています。ハスは「寒」で、残暑厳しいところではウリと同様の効果をもたらすからです。お目出たい食材でもあります。

ハスのうてな（花のがく）には、蓮子《リェンズ》（ハスの実）が詰まっています。

前菜として、新鮮なハスの実と、ハスの根（レンコン）を生で薄く切って、並べた一皿があります。砂糖をかけたりもしますが、そのままでもとても甘くて美味しいです。

ハスの実を乾燥させたものは、シロップ仕立てやスープ、餡等に用いられます。湘蓮《シャンリェン》というハスの実を干したものは、湖南省産の一級品です。

ハスの葉には清熱解暑の薬効があり、夏バテの全ての症状に効果的だとも言われています。炊いた粥の上にかぶせたり、五目御飯や炒飯を包んで蒸したりします。

皿の上に葉を載せ、その上から熱い料理を載せると、香りを楽しむ事もできます。

中秋

八月十五日は、私達の感覚では夏ですが、旧暦では秋でしかも半ばを過ぎているので、中秋となります。

中秋の儀式は古代から行われていて、唐の時代には風習となっていました。

【中秋節】

中秋節は、春節に次ぐ大きな節句です。日本のお月見では、ススキやお団子、季節の枝豆、里芋、栗等をお供えします。

中国では、家族や親戚、親しい仲間が集い、月を愛《め》で、節物である月に見立てた丸い餅（月餅）を贈り合う習慣があったようです。

以前「中秋節宴」を企画した時、月餅の中にグリンピースや松の実を忍ばせて当たりくじとし、賞品を用意して宴を盛り上げた事がありました。元を倒して明を興《おこ》した朱洪武帝が蜂起の伝令を月餅の中に隠して同志に配った、という故事があったからです。

親しい人に贈った月餅は、今も脈々と受け継がれています。

月餅も、かなり地方色があります。

上海の精進料理で有名な「功徳林《コンドウリン》」の月餅は、精進料理店だけあって芋や野菜、豆、胡麻等の餡が入っています。上海の月餅は本来パイ皮が主ですが、この店は広東風です。種類も豊富でいつも行列が出来ていますので、中秋の頃は料理店の営業を休んで月餅作りに専念してしまいます。

北京の月餅は、ドライフルーツと豚脂を刻み、砂糖や芝麻《チマ》（胡麻）、紅棗《ホンザァオ》（なつめ）、胡桃《フウタオ》（くるみ）等も刻んで加えて混ぜ合わせて餡にします。そしてそれを少々固めの生地で包み、焼きます。

広東の月餅は、とても贅沢です。フカヒレやホタテ、中国ハム等も加えたナッツの五仁《ウレン》火腿月《フォトエイユッ》（広東語　中国ハム入り五種ナッツ餡月餅）、豆沙月《ドウシアユッ》（広東語　小豆餡月餅）、蓮蓉月《リンヨオンユッ》（広東語　ハスの実餡月餅）、荔蓉月《ライヨンユッ》（広東語　中国タロイモ餡月餅）等があります。月に見立てた月餅の餡に、咸蛋（塩漬け卵）の黄身を二つ入れた「双蛋黄《ションタンホワン》」（広東語）という、贅沢なものもあります。

中秋は、桂花《クエイホワ》（きんもくせい）の思わず息を深く吸い込みたくなるあの甘い香りが知らせてくれますので、このシーズンの月を桂月《クェイユエ》と言います。

桂花陳酒というリキュールがあります。乾杯の時等にスパークリングワインを注ぐと、とても美味です。

中華食材として「桂花醤《クエイホワジャン》」があります。きんもくせいの花を砂糖でシロップ煮にしたものですが、塩漬けしたものもあり、料理に用いられます。家にきんもくせいがある方は、是非七分咲きの花を摘み取り、作ってみてください。一年中楽しめます。

香港の満漢全席での一皿では、羊の脊椎の骨の中の柔らかいものをスープ煮した上から、きんもくせいの花を散らしていました。その淡いオレンジ色がとても印象的でした。

揚州の名菜として「桂花荷香藕《クエイホワホウシアンウオ》」という甜菜があります。大きめのレンコンの一節の端を一、二センチ切って、浸水したもち米をレンコンの穴に詰め、切った端を蓋として戻し、楊枝数本で差し止めて茹でるか蒸すかします。レンコンの皮は先に剝いても火を通してから剝いてもかまいません。家庭的には後から剝いた方が簡単です。それを一センチほどの輪切りにして皿に並べ、上からシロップ仕立てのうす葛の餡をかけます。そしてその餡の上に、きんもくせいの花を散らすのです。

とても洒落た中秋のデザートですが、家庭でも作れますので試してみてください。

中秋も立秋と同じくウリ類が豊かで「冬瓜盅《トンゴォワヂョン》（冬瓜の姿蒸しスープ）」は中秋の広東料理の宴の風物詩となっています。

重陽

中国では、昔から重要な節日でした。丘のような高いところに登り、親を思い、菊酒を飲んでいたようです。異国の地にあっても、秋の爽やかな季節に高いところに登って、故郷や親に思いを馳せていたのでしょう。

節物として、花糕《ホワガオ》（菊の花びら等を散らした、米粉の蒸しカステラ）等があります。

清代には、九月九日（重九）重陽の節句に蒸し蟹を好んで食べたという記録があります。「糟蟹《ザァオシエ》」は現代の酔っ払い蟹の前身のような作り方で、酒の肴だったようです。

江南の蟹宴

菊香の秋は、蟹シーズンの到来です。

蟹は沿海の海蟹《ハイシエ》、河川の河蟹《ホウシエ》、湖の湖蟹《フウシエ》に分かれます。江南の名物は湖蟹で、大閘蟹《ダァヂァシエ》とも呼ばれています。洋澄湖が最も有名で美味しい産地です。

日本の蟹は、長い脚に蟹肉がずっしり入っています。

一方上海蟹は、蟹肉が細かくて面倒だという方も少なくありません。また上海蟹は蒸したての熱々は美味しいのですが、冷えてしまうと美味しくありません。

そこで、食べ方をいくつかご教示したいと思います。

蟹を裏返すと、俗に言うフンドシがあり、雄は釣り鐘型で先がとがっています。雌は円形です。しかし大皿に蟹がたくさん盛られてきた時に、裏返して雄雌を見定めて取るのはマナー違反です。表の顔を観察すると、雄蟹は角ばった厳《いか》つい顔をしていて、雌蟹は角がなく丸くて優しい顔をしていますが、少し難しいかもしれませんが、慣れてくると確認できるようになります。

雄でも雌でも、まずは熱いうちにフンドシから開けて、口から連なる消化器系を取り除きます。雄でしたら精子のゼラチン質「蟹膏《シエガオ》」がまったりとして美味です。雌でしたら卵の塊があり「蟹黄《シエホワン》」と言います。

細い脚は甘く、多少冷めても美味しく食べられますので、それからゆっくり食べてください。忘れがちなのが、苔のついているハサミや脚の股肉です。

蟹には、食べてはいけない部分もあります。料理の食材として使用する時には全て取り除きますが、蟹を蒸して食べる時には要注意です。「胃」は、フンドシを開けると蟹の眼の内側にある小さな砂袋のようなものです。なるべく破らないように、そっと取り除いてください。「肺」は、フンドシを取り外した両脇にあり、灰色で菊の花弁のような形をしています。「カニを食っても、ガニ食うな」と言われる蟹のエラになります。呼吸器官で雑菌等の汚れが付着している事も多いので、取り除きます。「心臓」は、ちょうど真ん中に一個ある小さな白い突起物です。硬いので食べられない事はすぐに分かりますが、注意してください。「腸」は、フンドシを開けた時に末端まで連なって付いてくる部分です。

フンドシの形から「九月団臍《トワンヂン》（フンドシが丸い雌蟹）、十月尖臍《ヂェンヂン》（フンドシが尖っている雄蟹）」が美味しいと言われていますが、共に美味しく食べられる十月十一月がお薦めです。

上海では「六月黄」香港では「七月黄」と言って小さな蟹も珍重されていますが、その地に行かないと食する事はできません。日本では、十一月が最後の美味しい時季となり、シーズン中は、大勢の会食でなくても注文すれば食べられます。是非お試しください。

蟹は、蒸すのが一番美味しいと思います。蟹宴の時には、必ず生姜や黒酢等が添えられています。「寒」の蟹に「温」の調味料を添えて、バランスを取っているのです。

蟹粉を使った「蟹粉魚翅《シエフェンユイチ》」という名菜があります。前述したように蟹粉は上海蟹の細い肉をきれいに取り外し、蟹油（雄蟹の精子）や蟹黄（雌蟹の卵）等も加えたものです。コース料理では頭菜になる料理なので高価ですが、シーズン中でしたら食してみる価値があります。〆に、この蟹粉を野菜やおこげ、麺等に取り合わせた料理もあります。

江南では、跳蝦《ティアオシャ》（川エビのおどり）や酔蟹《ゾォエシエ》（酔っ払いガニ）等、川の幸を生で食す料理があります。中国では上海ガニで酔蟹を作る場合は、必ず白酒を用います。また不衛生な店では作らせない等、厳しく取り締まっています。とはいえ川の幸は生のものを食べ過ぎると食中毒を起こしやすいので、多食は避けましょう。

秋の蟹宴では、デザートに柿や梨を使う事が多くなります。日本では冷たいデザートが好まれているようですが、柿も梨も「寒」なので中国では蟹との生食は禁忌とされていて、あたたかいシロップ仕立てを供します。

広東の蛇宴

秋風が立つと、日本では「馬肥ゆる秋」ですが、中国南部の広東では「蛇が太る」という言葉があり、秋になると味が良くなると言われています。

第一章「野味料理」で紹介したように、広東地方では秋になると蛇を食する機会が多くなります。

ただ蛇を食べる習慣は、広東・香港以外では聞いた事がありません。

冬

中国では「開春打虎（虎を打ちのめすほどの元気が出る）」等、冬に補気・補陽・補血の効果の高いものを漢薬や食材とする事で春から一年を通して元気になる、という考えがあります。冬に耐える体作りが大切だからです。

中国では、羊の料理が好まれます。鹿の料理は、高級メニューです。日本でもこの時季に大いに食材に取り入れて欲しいものです。

魚介の食材では、海老やアナゴ、刀魚等があります。

鶏も温効果があるので、家庭の冬の料理として鶏鍋料理はお薦めです。棗《なつめ》や龍眼《りゅうがん》も漢方薬として一緒に入れるといいでしょう。

以前「冬の体を温める」というテーマで料理教室を行った時に、高価な朝鮮人参ではなく中国野菜として作っていた新鮮な薬方用人参を加えて「鶏の冬の薬膳スープ」として紹介しました。鶏のぶつ切りに薬用人参や棗、生姜、ネギを加えたスープでしたが、あるお客様から「試食した後すぐに体がポカポカしてきました」というお声を頂きました。

食物はこのような反応がすぐ現れるものです。如実に出た反応はしっかりと受け止めて、自分に合ったものを気に留めておきましょう。
また「温」の効果大のニンニクや唐辛子、生姜等は、薬味として用いて料理を作ったり、店のメニューから選んだりする事をお薦めします。

冬季の節日

旧暦の十月一日は節日ではありませんが、冬季の最初の月・最初の日として、また立冬を数日後に控える日として、大切にしています。

北方の風物詩として「氷糖胡蘆《ピンタンフウルウ》」という山楂や葡萄、山芋等に飴をかけたものがあります。日本の夏祭りの屋台で果物に飴をからめて売っていますが、あれによく似ています。

山楂は姫リンゴを小ぶりにした酸っぱいフルーツで、小さな団子のような形で串刺しになっています。茶館では今でもその名残なのか、小さな飴のように作られて売っていました。夏のお祭りで売られている冷たくて甘い果物の飴かけと寒い北京での風物詩という組み合わせに違和感を抱いていましたが「実は、氷糖胡蘆はガス中毒を避ける事ができた」という話を後から知って、驚きました。

寒いからと炉辺《ろばた》に長い間座っていると、身体が火照《ほて》ります。私は「時折氷糖胡蘆を食べて体を冷やすために移動する事で、部屋を出入りし空気の入れ替えができたので中毒から免《まぬが》れたのではないか」と、推測していました。清朝時代の北京の厨房では、強い火力を出す煤球児《メェチュウル》（石炭の粉に泥を混ぜた炭団《たどん》のようなもの）を必ず使っていたのですが、一酸化炭素中毒になって死亡する事もあったようです。そこで、解毒剤として冬の熟し柿が用いられていたようなのです。山楂も柿も中毒に有効だという一例ですね。

日本の冬至の日は、カボチャ等を食します。中国でのこの頃の節物は、餛飩（ワンタン）だったようです。

南の地方では寒い時季はもっぱら炉を囲み、鍋料理を食べていたようで、これを打辺《ダーピエン》炉《ルウ》と呼んでいました。

臘月《ラーユエ》

十二月は臘月（旧暦の十二月）で、腊月と簡単に書きます。狩猟で獣を獲り、先祖を祭り、神も祀《まつ》ったようです。

十二月八日には、節物として白米や粳米（うるち米）、胡桃、松の実、棗、栗等で「腊《ラー》八粥《パーデュウ》」という粥を作ります。実りの幸の食材で作る甜粥（甘い粥）で、味をつけない粥に砂糖を添えます。仏祖の釈迦牟尼に供える粥として知られています。

過年《グウオネエン》

過年（年越し）をする時には、よく火鍋《フォグォ》をします。昔は火鍋の丸く膨らんだ部分に赤く焼いた炭を入れていたところから、丸い饅頭と同様に福徳のシンボルと言われています。

この寄せ鍋には、祝いの食べ物を入れます。

蝦《シャ》（エビ）は、腰の曲がった髭のある翁を意図しており、長寿を祝います。冬筍《トンスン》（タケノコ）は、年々高々《ネエンネエンガオガオ》と言って向上心を表しています。また筍《スン》と孫《スン》は同音なので、子孫繁栄に通じます。青菜を入れれば、万年青《マンネエンチン》という事で不老長寿を意図します。豆芽《ドウヤ》は、もやしの芽の形が如意形である事から、かゆいところに手が届くという意味で、思い通りの意が込められています。芽と根を取って銀芽《インヤ》になります。

他にも、これでもかと言わんばかりの祝いの食材を入れて、楽しみます。

第五章「吉祥如意の食材」も、ご参照ください。

最後に餃子を入れれば、餃子の中に忍ばせた祝いを意図するドライフルーツやナッツ類の有る無しに一喜一憂します。

とても楽しい一家団欒のひと時ですが、これは新年を迎えるたびに、新たな出発と成功を願っていた風景です。

年菜《ネエンツァイ》（おせち料理）の準備

十二月も下旬になると、新年を迎えるために、かまど周りをきれいに清め、お供えをし、新年を迎える準備をします。

平素の飲食とは一線を画し、文化的に正月を迎えたいと思う気持ちは日本も中国も変わりないように思います。しかし日本では、高度成長と共にそのような気持ちは昔の事となり、今はおせち料理を家庭で作る事も少なくなってきました。

中国でも、現代は変わってきました。

十二月に準備する年菜は、地方色もありますが、食材がそのままの姿で調理された「風《フォン》魚《ユイ》」「腊肉《ラーロウ》」等です。塩漬けした魚肉類をかまどの脇にかけたり、鶏・鴨・豚肉等を乾燥・燻製させたりし、これらを腊味《ラーウェイ》と言います。

獣肉類は、大きめにカットして腊肉《ラーロウ》にしたり、腊腸《ラーヂァン》（ソーセージ）にしたり等の調理方法で保存して、春節の長い休日を楽しめるようにしていたようです。

このような準備をするのも大家族で農業中心の良き時代だったからでしょう。今でも大移動と言われる正月の帰郷はありますが、食事の様子は一変したようです。

第四章　東西南北　求味の旅

中国への旅

中国料理の研究を始めた当時は、香港に行く料理人や関係者が多かったように思います。

しかし私は本質的な事が知りたくて、中国本土の東西南北へ行く事をひたすら心がけていました。

「早く各地に行かないと美味しい料理を作れる人がいなくなってしまう」という危機感もありました。その当時腕のいい料理人の殆どは五十歳前後だったからです。

そこで省（県）とされている地域の料理圏の殆どに何度も足を運びました。辺境にも挑戦しました。

例外は「寧夏回族自治区」という内モンゴル自治区と甘粛省（省都　蘭州）、陝西省（省都　西安）に囲まれた小さな自治区と、「青海省」だけです。いずれ機会を得て全土制覇したいと思っています。

この章では、私の旅の中で、特徴的な料理をエピソードと共にご紹介します。

マネジメント

私が旅行の企画を考える時に最も大切にしているのは、良い旅行社を選ぶ事です。これまでに二社お願いしていますが、共に期待通りでした。

まず目的地を定め、テーマに合わせた店を特定します。ホテルも重要です。朝食等で、地方色豊かな点心類が食べられるホテルは、お薦めです。

ホテル代に朝食代が含まれる事が殆どですが、特別な店で朝食を摂りたいと思った場合は、朝食を潔《いさぎよ》くカットして、その店を優先します。

ランチやディナーの予約をした店のメニューは全て取り寄せてもらい、出発前にチェックして食べたいメニューが入っていなければ、入れてもらいます。また基本的に現地に到着したら早速添乗員と共にディナーの店に伺い、メニューがきちんと整っているか最終確認します。店に行く時間が取れない場合も、ランチの前にはディナーの確認をします。

有名師傅に調理をお願いする場合は、必ず手土産を持って行きました。当初は一人だけのお土産は受け取らない事があり、スタッフの人数を聞いて全員分持って行った事もありました。国交回復当時は、百円ライターやボールペン等をリクエストされ、共産主義国の実情を垣間見た思いでした。

中国の古都　北京～南京～洛陽～西安～揚州

一九七二年九月二十九日、日中国交が回復しました。近くて遠い中国の重い扉を、当時の内閣総理大臣だった田中角栄首相が押し開いたのです。

中国への旅も開始されましたが、団体旅行は三年後から認められました。また一人では美味しい中国料理のコースを食べられないので、「パンダの会」というグループに所属し、一団で訪れる事になりました。北京から河南省の洛陽、陝西省の西安、江蘇省の南京・揚州そして上海という、まさに北から西の各古都を網羅するコースです。

初めての中国は驚きの連続でした。ゴミというものが見当たりません。ホテルではドアはカギ不要、ごみ入れに捨てたボールペンが次に宿泊するホテルに届く等、何度も驚きました。南京では絶対に出歩かない、服装にも気をつける等々規制が厳しかったものの、今では世界遺産になっている各都市の名所旧跡を目の当たりにして、感動し続けたものです。

それぞれの古都が誇る名菜以外にも、多くの事を学ぶ事ができました。そしてこの旅が、その後の中国料理との深い関わりに繋がっていきました。日本での食事会や中国へのツアーを企画したいという気持ちが生まれたきっかけにもなったと思います。

中国東北三省の旅

日中国交回復直後、日本では残留孤児の帰還の話題でもちきりでした。第二次世界大戦後に家族と離れ離れになり帰国できなかった多くの残留孤児がいたのが東北三省（黒龍江省、吉林省、遼寧省）でした。満州と言った方が分かりやすいかもしれません。

東北三省は四大料理圏外の地方で、名所旧跡の観光目的で出かける場所でもありませんが、ここでは東北三省に隣接する内モンゴルの草原の旅も併せて紹介したいと思います。

餃子の故郷

餃子の郷里と言われるこの地には、伝統的な話があります。清朝の皇帝ヌルハチがまだ若い不遇時代、旅の途中大晦日《おおみそか》の頃に「長白山」の麓《ふもと》に辿り着きました。怪物が出るという事でどの家も怯えていたのですが、ヌルハチが退治して村人達を助けました。その後村人達は怪物の肉を切り刻んで餅《ビン》（小麦粉の薄い皮）に包んで食べてしまったそうです。

そこで満州では太祖の徳を讃《たた》えて大晦日に餃子を食べる事が習慣となり、その餃子が全土に広がっていったと言われています。この話を知った時、憎いものを切り刻んで食べるという件《くだり》がいかにも中国的だと思いました。

日常的に食べる餃子は、消化の良い水餃子です。一番上品なのは蒸し餃子です。焼き餃子は、片面焼きで「鍋貼餃子《グォティエヂャオズ》」と言います。鍋に張り付けて焼くところから、餃子だけでなく「片面しか焼かない」という調理方法となっています。

餃子の餡の種類は数十種にのぼり、魚介類（蝦、蟹、海参、貝柱等）や野菜類（インゲン豆、ピーマン、緑豆もやし等）、豆腐、各種肉類を組み合わせます。海に恵まれているので、特徴ある具材の餡が有名です。

日本でも、餃子は広く好まれています。元々は中国から移住した方達が作っていたのでしょうが、戦争で東北三省での生活を余儀なくされその後日本に帰還された方達が、その強烈な思い出と共に日々食した餃子や麺類等を日本で作り、それが日本化していったのでしょう。

ちなみにラーメンも日本独自のものです。ラーメンのスープは、家庭で水餃子やワンタンを食べる際に醤油や胡麻油、胡椒、塩等を碗に入れて熱いスープを注いで食べる時の味に似ています。中国の拉麺《ラーミェン》はこねた小麦粉を手で細く長く引っ張るという意味のもので、日本のラーメンとは別物です。

野味の故郷

東北の地でも、各種の野味に出会いました。

野生の動物と言えば、フランス料理ではジビエで、代表格の一つが鹿です。東北でも鹿が多く、その表現の一つが「のろ」で「のろ鹿」と言えば分かりやすいようです。中国語では「麅《パオ》」と書き、冬期の東北地方では大切な動物資源となっています。

「駝鹿《トウオルウ》」は長白山一帯で産する大型の鹿です。この鼻を「犴鼻《ハンビイ》」と呼び、この辺りの三大珍味となっています。「馬鹿《マアルウ》」も大型の鹿で、肉が美味で尾、筋、心、肝、腎等内臓も食用となります。

中国料理では、肉よりも鹿茸《ルウロン》（角）や鹿筋《ルウヂェ》（アキレス筋）、鹿尾《ルウウェイ》（尾）が珍重されています。第五章「基礎知識　野味の乾貨」で詳述します。

野味ではありませんが、豚も大型です。長い列車の旅で黒龍江省までたどり着いた夜、宴席で大型の豚の頭が大皿に載せられて出てきて、びっくりしました。一行の皆様もぎょっとされていましたが、写真を撮ったり、中国食材会社の女社長さんは豚の大口から歯をいくつか抜き取って記念にお持ち帰りになったりしていました。当時の旅はハプニングも多かったのですが、ツアーの皆様は物怖《ものお》じしない方達だったのでとても助かりました。

東北地方には、松鶏《スンディ》という特産もあります。飛龍鳥《フェイロンニャオ》と言い、灰色の毛に白い斑点がある鳥です。実際に姿を見る事はできませんでしたが、禽中の珍品と言われています。高貴な人しか味わえない貢物《みつぎもの》として、宮中から飛龍の名を授かっているようです。

長白山

餃子や野味の故郷である長白山は、有名な朝鮮人参ならぬ長白山人参があります。この人参は一般的には知られていませんが、この辺りは朝鮮半島に近く、中国少数民族の一つである朝鮮族が住んでいる部落が産地となっています。ここに見学に行った際には、朝鮮族の食事も頂きました。特に印象的だったのは、干しナスの漬物でした。

長白山は日本人の好きな松茸の産地でもありましたが、中国人は一般的に松茸をあまり食さず、また元々朝鮮は松茸の産地で馴染み深いものであった事から、朝鮮族が食べたり流通させたりしているように思いました。

松茸は雲南省にもあり、料理店のコース料理にも入っていましたが、日本人の求める松茸の味ではありませんでした。

●コラム　キュウリ入り炒飯

ツアー参加者のトランクが全て列車に積まれていない！というハプニングに見舞われました。幸い紛失する事はありませんでしたが、そんな事とは露知《つゆし》らずに車中で食べた炒飯も忘れられない味です。東北は動物だけでなく、大黄瓜《ダァホワンゴォワ》というキュウリも大型でした。そしてそのキュウリが、なんと炒飯の具として入っていたのです。しかしキュウリの爽やかな香りが粳米《コンミィ》（粘り気の少ない日常米）によく移り、卵の黄色にキュウリの緑が映えて、目にも爽やかな印象の美味しい炒飯でした。キュウリが大きめの乱切りだったので、水っぽくならなかったのかもしれません。

ロシアに隣接している黒龍江省で、自由時間に小さな店に入った時の事です。メニューに「白菜湯」とあったのでオーダーしたところ、出てきたのはなんとボルシチでした。濃厚な味ではありませんでしたが、メニュー名は中国名、中身はロシア料理だったのです。

ロシアに近い東北の地に満州里《マンチュリ》と呼ぶ地点があります。私事で恐縮ですが、祖父が満州に仕事で来ていた時に私が日本で誕生しました。そこで私がこの地まで来られるように願い「満里子《まりこ》」と名付けてくれたそうです。祖父は私が七歳の時に亡くなりましたが、母からその話を聞いていたので、東北を訪れる旅は私にとって一層感慨深いものとなりました。

中国東北部から内モンゴル自治区へ　草原の旅

列車で黒龍江省のハルピン、チチハルを経て、内蒙古自治区に入りました。

ここは定住をせずに砂漠や草原を本拠地にしている民族が多く、私達は包《パァオ》に一泊させて頂きました。包はフェルト張りでまんじゅう型組み立て式の、立派な住居でした。

客人を迎えてくださるからかもしれませんが、色彩豊かな包は広々としていて、いくつかのグループに分かれて寝泊まりしました。

最初にご挨拶のために一堂に会した包は特に大きくて豪華で、内蒙古自治区の方達の衣食住に触れる貴重な機会でした。

馬術や格闘技、弓射の技等を競い合う事も多いようですが、今はあくまでも催事にまつわる時に行われています。

野味では鹿尾や駝峰《トウオフォン》（らくだのこぶ）等があり、催事のお供えに用いるようです。

催事では、牛肉や羊肉、奶茶《ナイチャ》（磚茶《だんちゃ》等固めて持ち運びしやすい茶とミルク）、奶酒《ナイチュウ》（馬乳酒）、酸奶子《スワンナイス》（ヨーグルト）、奶油《ナイユウ》（クリーム）、奶酪《ナイルオ》（固めのチーズ）、奶豆腐《ナイドウフウ》（一般的なチーズ）をお供えしたり食べたりするようです。

私達は、奶茶や固くて噛みしめるようなチーズを頂きました。

一番美味だったのは、草原で食した、特大の鉄窯に塩を入れて茹でただけの、羊の骨付き肉のぶつ切りです。羊肉は慣れていないので食べられないと言っていた方も美味しく食べられたとの事でしたから、きっと羊そのものに臭みがなく美味しかったのだと思います。

野菜不足の感は少々あったものの、初めての民族的な飲食は楽しいものでした。

モンゴル族は木製の椀と箸は洗わないという話を聞きました。しかしこのように他国の人達を迎えるようになったので、変わった事でしょう。

古都北京に名菜を訪ねて

宮廷料理・仿膳《ファンシアン》

千葉県柏市の中国料理店「知味斎」の老板《ラオバン》（社長）は、満漢全席に魅入《みい》られた方でした。そしてそれが高じて、食に関して著名な方々をお招きして、香港の満漢全席を十六ミリの映画として本格的に撮りました。私もリハーサルとして模擬宴席を行う等、準備段階から大変でしたが、そのご縁で北京の「仿膳の満漢全席」のツアーを組んでいた旅行会社からお誘いを受け、老板と共に参加させて頂きました。

「仿膳」は北京にいらした来賓や著名人を接待する事が多い、宮廷料理の有名店です。北海公園の公開に伴い「仿膳茶荘《ファンシアンチャヂョワン》」ができ、一九五五年に国営となり、その翌年に清宮風味（清朝の宮廷風味）の料理が復活した事で「仿膳飯荘《ファンシアンファンヂョワン》」と改称しました。

仿膳の満漢全席はとても品の良い料理で、西太后のお好み料理や熊掌、甜点心等が出てきましたが、香港の満漢全席とは大分違っていました。

そこで老板が香港の満漢全席のフィルムを仿膳に贈り、見比べて頂いたところ、この店の宮廷料理は「清宮風味」と称する方が相応しい事が分かりました。

そこで「仿膳の満漢全席」ではなく「仿膳の清宮風味の旅」という名目で、私が改めてツアーを企画しました。

「糖酸桜桃肉《タンツウインタオロウ》」は前述したように乾隆帝が好まれた料理ですが、西太后もお好きだったようです。肉類では、鴨や鶏、子豚、皮付きの豚料理がお好みだったようで、目に浮かぶようです。一日二度の正餐の他、お茶を飲みながらの甜点心も毎日食されたようです。

裏山で獲れた新鮮な熊掌を初めて食べましたが、乾燥品や冷凍品と違い、匂いはそれほど気になりませんでした。

熊掌が宮廷料理には欠かせない逸品であると、確信した機会でもありました。

甜《あま》い菓子は、第二章「四大料理　北京料理」では料理名だけご紹介しましたが、この宴席で出されたものは盛りつけも美しく、とても感激しました。

「豌豆黄《ワンドウホワン》」は、前菜の前に供される果子碟（お茶うけ）の一つで、円卓の四隅に高付き台のような高杯に盛られています。

エンドウ豆をペースト状に煮込んで黄色い羊羹《ようかん》状にしたものを小さな角切りにして器に小高く盛り上げられた美しい甘味は、日本の京都の老舗で作られたような品の良さです。

られています。
「芸豆巻《ユンドウデュワン》」は、インゲン豆の餡の菓子で、同じく高坏に三角錐のように小高く盛りつけられています。

インゲン豆はペースト状に煮込んで砂糖で味付けして、平たくのばします。色合いや風味の違う小豆《あずき》餡や棗《なつめ》餡、胡桃《くるみ》餡等を芯にして、インゲン豆で両方から巻き込む如意巻にして、一口大に切って供します。

色も味わいも素晴らしいものでした。

「小窩頭《シャオウオトウ》」は、トウモロコシのでんぷんで作られた黄色い菓子です。中が空洞で山高帽のような形をしています。西太后がお好きな宮廷菓子です。

「杏仁豆腐」は、北京では杏の種の核を砕き挽いて、寒天を用いて作ります。菱形に切ってシロップを張った時に浮き上がってくる隙間が美しく、フルーツ等は何も入れません。甘酸っぱい味が印象的でした。

●コラム　トゥーランドット

北京の天安門の広大さには誰しも圧倒されます。故宮紫禁城は明清の栄枯盛衰を物語っていて、故宮の博物館は、団体旅行では時間が限られるので、入場しても完結できないほどの広さです。人それぞれ好みもあるので、観光はご随意になさる事をお薦めします。

故宮には、個人的に忘れられない思い出があります。

「トゥーランドット」と言えば、横浜ベイホテル東急のレストランを思い浮かべる方も多いでしょう。石鍋裕シェフが、脇屋友詞師傅を総料理長に迎えて出店しました。

イタリアの歌劇団が「トゥーランドット」の北京公演を開催する機会に合わせて石鍋シェフが一団を組み、脇屋師傅や私、私の会の方もご一緒させて頂きました。このお二人と共に中国で「トゥーランドット」を観劇できるとは、素敵な思い出となりました。紫禁城の大和殿をバックに、龍が彫られた石畳階段近くに設えた舞台と、オーケストラが奏でる曲に乗せたオペラはまさに夢のようでした。

公演が終わると、人民大会堂で満席の大宴会が始まりました。殆どが外国人の賑やかな宴会場は、特に記憶に留まらない料理でしたが楽しい雰囲気に酔いしれる事ができました。

釣魚台《ディアウユイタイ》

北京には「釣魚台」という国営の迎賓館的料理店もあります。当時は中国全土の有名な地方名菜を供する「養源斎」でしたが、オペラの翌日に私達が食したのは、北京料理だったと思います。なぜなら、忘れられない食材があったからです。それは蠍《シェ》（サソリ）です。山東省の臨朐《りんこう》産のものは薬効が高く昔から薬材として知られています。この時は「炸蠍子《ヂァシェズ》（から揚げ）」でしたが、これは高級宴席メニューになっています。節足動物なので腹部の後半は尾状になっていて、揚げた後も形はしっかりサソリでした。もちろん毒針は取り除いてあり、中風《ちゅうふう》によく効くようです。宴席では皆様あまり召し上がりませんでしたが、石鍋シェフは洒落た箸箱にサソリのご馳走を詰めて、その夜に出席できなかったお仲間にお土産として手渡されました。蓋を開けて、さぞかしギョッとされた事でしょう。

烏魚蛋《ウユイタン》という、珍しい野味の食材もあります。イカの雌の卵腺の乾燥品で、胡椒風味に白酢を効かせた酸辣湯として出てきました。これも北京の宮廷料理です。

哈士蟆油《ハーシーマーイウ》も野味で、ヒキガエルの内臓にある卵を保護する脂肪です。冬眠する時に雌の輸卵管にあるゼラチンの小塊を取り出すのが大変ですが、戻してシロップ仕立てにしたりスープにしたりします。宮廷の方達は、滋養強壮食がお好きだったようです。

少数民族の坩堝《るつぼ》　桂林～石林～昆明～西双版納《シーサンパンナ》

中国の旅は、大都市の飯店でその地の名菜を食べるのが楽しみですが、未知の秘境や辺境と言われる場所へ行くのも一つの冒険として魅力的でした。

ビルマ・ラオス・ベトナム等に隣接する雲南省の西双版納まで行きたいと思ったのは、私の大好きな「普洱茶《プウアルチャ》」の故郷でもあったからです。

桂林

桂林は広東省の隣にあります。桂林つまり「もくせいの林」ですので、金・銀のもくせいがたくさんありました。長い旅で一団を作る時には夏休みの後半を利用していた時代でしたから、丁度八月十五日中秋の頃と重なり、行く先々で香りを楽しむ事ができてとても嬉しかったものです。

当時「天平の甍《いらか》」という親鸞上人の映画があり、水墨画の世界で有名な漓江下りの背景にある奇岩というか山々が印象的でした。その後烏龍茶のテレビの宣伝に使われた事で漓江下りは話題になり、ハネムーンの旅先としても人気が出たようです。

私達が注文したフルコースでは、特大の「オオサンショウウオ」が出てきました。中国語では大鯢《ダァニィ》で、子どもの鳴き声「娃娃《ワワ》」に似ているところから一般的には娃娃魚《ワワユイ》と呼ばれています。

大きな鶴のスープ鉢には、鶴の首が添えてありました。ここも中国を代表する野味の産地です。そして実証主義なので、野味の場合は本物を使用している事を示すためにその動物の頭等を添えるのです。

石林～西双版納

雲南省昆明から石林に入ると、その名の如く侵食された石灰岩による石柱の奇形の数々が林立しています。その中を通り抜けると、少数民族の人々の真っただ中です。歩いていたら行き交う人々が「何族か?」と話しかけてきたので、私達は誰が命名するでもなく「知味族!」と答え、そのおかげで旅の疲れを楽しい時間に変える事ができました。

その後、最果ての西双版納までは驚くほど長い道のりでした。ホテルを出発して狭いマイクロバスに分乗しましたが、時折頭が天井にぶつかるようなガタガタ道を数時間、昼食をとった後も、またガタガタ道が数時間続きます。

救われたのは、この時の昼に思菜《スウマオ》で食した地元野菜のしゃぶしゃぶでした。暑い日ではありましたが、火鍋仕立ての炭火入りで本格的なものです。豆苗や豆芽（もやし）、韮黄（黄ニラ）、粉絲（緑豆デンプンの春雨）等々、食欲をそそる野菜のオンパレードで、とても元気になりました。

西双版納はゴムの木やコーヒーを栽培していて自然との触れ合いもあり、とにかく見るもの聞くもの全てが初めての楽しいところでした。ただホテルがなく、旅行者は招待所というところで宿泊や食事をする事になり、食事はそこそこでした。

雲南火腿《ユンナンフォトエイ》というのがあり、金華火腿には及びませんが、中国ハムの第二の産地です。丁度中秋の頃でしたので月餅を焼いていましたが、この雲南火腿の餡が入った月餅は、パイ皮で小高く可愛らしい型をして、美味でした。

象がいる地域なので、野味である「象の鼻」が、紙のように薄い乾燥品ではありますが売られていました。香港の満漢全席でも象の鼻が出てきましたが、食材としてかなり珍しいものです。料理店では、食材として檻に入ったいろいろな動物を見る事ができましたが、象を見る事はさすがに叶いませんでした。しかし実証主義の中国なので、大皿に大きな鼻がカットされて供され、その断面は霜降りの牛タンのような色と触感でした。

竹蚕《チュウツァン》（竹の芯食い虫）という野味もあります。竹の節の中にある膜を食べる白い幼虫で雲南特産です。釣りの餌に蛆虫《うじ》というのがあり、昔父と川釣りに行った時その白い虫が臭くて気持ち悪くて釣り竿につける事ができませんでしたが、それとそっくりです。

しかし油で揚げると美味と聞いたので、路上市場で買ってきて厨房で揚げてもらいましたが、本当に甘くて美味しくて驚きました。「酥炸竹蚕《スウヂャアヂュウツァン》」というのがメニュー名です。

傣《タイ》族

到着した翌日には、いよいよ傣族の家庭訪問をしました。高床式住居は、まるで日本のルーツのようです。

傣族の食事は、食卓に白いおこわと十数品のおかずが並んでいました。おこわは左手で一口大のご飯を手に取り、握り寿司のように軽く握って口に入れます。おかずは右手に持った箸で食べます。左利きの人はどうしていたのでしょう。中国料理というよりも、油をあまり用いずあっさりした和食のようでした。豆腐や納豆、こんにゃく等もあり、川魚は日本のなれ寿しのような料理法で出されました。

●コラム　多民族

中国は、漢民族も含め五十六種に及ぶ多民族国家です。この雲南省は少数民族の坩堝《るつぼ》と呼ばれるほど多くの少数民族が住んでいて、主に稲作を営んでいます。西双版納・景洪にも傣族の他、ハン族、ブーラン族、ラク族、ヤオ族、ワ族、イ族等々、聞いた事のない民族の人々がいました。女性や子どもは民族衣装を身に付けて歩いているので、とても楽しい風景です。少数民族同士は相手が何族なの分かるようですが、私達にはさっぱり分かりません。おそらく顔立ちよりも衣装やアクセサリー等で見分けるのでしょう。

私は傣族の衣装がとても気に入り、買って帰りました。日本の着物のようなデザインですが、上下に分かれています。共に清々しい色合いで、上衣は丸襟のブラウスのようなデザインで前ボタンをはめて着ます。スカートは巻きスカートのようなデザインで、ウエスト部分には十センチ位の模様が入った布が帯のように縫い合わせてあり、左に畳むように折り目を合わせます。インドのサリーはヒダをいくつか作ってウエストで折り曲げるのですが、こちらは一つ折りです。傣族の女性の髪は黒くて艶やかで、皆長い髪を高く丸くへアアップして、一本のシルバーのようなかんざしで留めていました。帰国後、報告会を兼ねて食事会を計画した折に、私はその衣装を身に付けて、食事共々ご紹介しました。

福建省　海南島に海味を求めて
香港～厦門～泉州～福州～漳州～仙頭

閩菜《ミンツァイ》（福建料理）

福建省は、中国南部に長い海岸線を有する地方です。海を隔てたところに台湾があるので、台湾料理の母体になっています。

閩菜は知る人ぞ知る料理で、日本で出会う事は滅多にありませんでした。福建省の省都福州であっても料理店は少なく、包家《パアオヂア》や厨厨《チュウチュウ》という看板を出して出前や注文先の家で作る事が多かったと、中国人の恩師から伺った事があります。

魚介類が豊富で、福建省の南に位置する広東省とは違った魚料理があります。魚は「清蒸《チンヂョン》」で、二枚おろしにして、酒を少々振って、さっと茹でるか蒸すかします。皿に、戻した春雨か茹でたそうめんを敷いて、その上に魚を載せます。魚にかけるあんは、干しエビやニンニク、唐辛子を炒めて、甘酢を煮立たせてとろみをつけたものです。「軟溜《ルアンリュウ》」というあんかけ料理もあり、甜酸《ティエンスワン》（甘酢味）、軟溜《ルアンリュウ》（甘酢のうす葛餡《くずあん》）という味付けが多いようです。

特殊調味料として赤い米麹が用いられ、美しい色合いも魅力的です。

宴席料理の最後に出る「八宝蟳飯《パァパァオシュンファン》（カニ入りもち米雑炊）」が美味です。紅蟳《ホンシュン》（肉蟹）が名物ですが、他の蟹でも代用でき、青蟹《チンシェ》（わたりがに）等を用いる事もあります。

荔脯芋《ライプウユィ》（中国タロイモ）の特産地でもあります。

燕皮《イエンピィ》（豚肉入りワンタン皮）は、片栗粉と豚挽き肉等を叩きながら薄い皮に仕立てて紙のように巻いたもので、お土産用にも売っています。好みの大きさに切って使うのですが、細く切って肉団子にまぶして蒸すと、皮が透明になります。

宴席料理の花形となる「龍鬚燕丸《ロンスウイエンユワン》（燕皮千切りまぶし肉団子のスープ）」は、燕皮をまぶした肉団子をスープに浮かせた料理です。燕皮の細切りがつばめの巣のような透明感を持ち、とても美しい仕上がりとなります。

幻の佛跳牆《フォティヤオヂャン》

「聚春園菜館《ジュイチュンユアンツァイゴワン》」は、清代の同治年間に開業した店です。

ここでは有名な「佛跳牆（山海の珍味壷詰めスープ蒸し煮）」が出てきます。直訳は「仏が垣根を飛び越えて」で、食べたいという欲望を抑えられず禅宗の厳しい戒律を冒《おか》してまで食べてしまったというものです。

大きな壷の下部に根菜類やきのこ、紅棗（なつめ）等の安価な食材を入れ、中部には肉類を入れます。上部には高級な甲魚（スッポン）や干貝《ガンペイ》（干し貝柱）、魚肚（魚の浮き袋）、乾鮑（干しあわび）、海参（なまこ）等を入れて、一番上には載せるのは、高価である事が一目瞭然の魚翅（フカヒレ）です。

私は事前にこの料理を昼食用に頼んでいたのですが、時間が当てにならないバス移動で到着がすっかり遅くなってしまい、出てきた料理はおでんのように煮込まれてしまっていました。しかし特大壺の中身は、何回もお代わりできるくらいたくさんありました。

この壺料理の豪華さや量の多さを活かして、「知味斎」では記念日の宴席料理のメニューに組み込む事にしました。幸いだったのは、老板が招聘する料理人が湖南料理人から福建料理人に変わっていた事でした。そのおかげで、福建料理本来の豪華佛跳牆を一卓一壺でご案内できました。

この料理に拘った理由は、他にもあります。当時日本では、福建料理ではなく広東料理として流行しており、広東料理店である京王プラザホテル「南園」はこの料理を出すために有田の窯元でこの壺を焼かせていました。小一卓用、大一卓用、大小の宴席用の他に贈答品として小ぶりな壺を販売するほど、佛跳牆は人気があったのです。

中国のハワイ　海南島

この旅の後半は、都市ではなく海南島です。今では中国のハワイとして知られていますが、当時も南国ムード溢れた島で、料理も洋食風なものが多く、中国にいる事を忘れてしまうような心地でした。

料理ではココナッツ椰子の未熟な実の汁を鶏と共に蒸したスープの味が忘れられません。鶏といえば、海南島の北東に位置する文昌まで行くと文昌鶏が有名です。広東料理で、文昌を冠したメニュー名に出会った事があります。

珍しいフルーツの宝庫でもありました。

菠羅蜜《ポォローミィ》は、楕円形で、七十から八十センチもある特大のフルーツです。パイナップルのような果肉はクリーム色で、少々未熟でしたので甘みと香りにかけていましたが、ドリアンの濃厚さを持っていました。再び食べられたら嬉しいと思っていましたが、現在までその機会はありませんでした。

帰りに寄った香港で出会った揚桃《ヤンタオ》（スターフルーツ）や連霧《レンウ》（レンブ）、茘枝《ライチ》（ランプータン）等も含め、南国のフルーツの味は格別です。

真夏に打辺炉《ダーピェンルゥ》

びっくりした広東料理に出会いました。

寒い地方の北京料理として紹介した涮羊肉《シュワンヤンロウ》（羊のしゃぶしゃぶ）ですが、それが南の最果てで、しかも真夏の炎天下に、屋外の昼食として出てきたのです。

炭火はガンガンに赤く燃え立っていました。まさに炉を囲む鍋料理、打辺炉です。

食材を入れる器は赤ちゃんを行水させるような大きさのほうろうびきで、薄切りではなく指の太さの拍子切りにした羊肉が山盛りになっていました。切りたてで、血は洗わず、赤い肉そのままの状態です。

北京料理のような各種調味料は見当たりません。そもそも調味料等を置く食卓やカウンターがありません。

味付けは塩と油と沙羌《サギョン》（広東語）だけです。沙羌は広東料理点心の香辛料や漢方薬として用いられる生姜を丸ごと乾燥させた粉で、仔豚の丸焼きの下味にも使われます。

小高い丘の上に辿り着いて目にした、湯を張った三つの大鍋と食材の光景に、皆様唖然《あぜん》とされていました。

しかしこれまでの旅でいろいろな経験を積まれた「知味族」です。

おもむろに鍋を囲んで食べ始めました。最初はどうなるかと思われましたが、気が付くと赤い肉の山盛りはすっかりなくなっていました。

医食同源の世界から考えると、食材の全てが「温」です。しかも炎天下なので頭上からの太陽熱と炭火の熱で、着ている服はびしょびしょです。

しかし驚いた事に、食後には長旅の疲れが吹っ飛んでいました。

毒を以て毒を制す、という事なのかもしれません。

中国の秘境　チベットの旅　成都～拉薩～成都～上海

一九八五年（昭和六十年）の特別企画として、チベットツアーを企画しました。チベット食文化については、ペマ・ギャルボ氏に貴重なお話を伺いました。私を含め殆どが登山経験もない方でしたので、事前に勉強会もしました。平均標高が約四千メートルで空気が平地の約半分位まで薄くなると聞いて、皆様も最初は不安だったと思います。しかし出発前にいろいろ相談させて頂きましたので、安心して出国しました。

成都から拉薩に着き、飛行機からゆっくり降りて、恐る恐る空気を大きく吸いました。「ここからは、空気半分ですよね」と、皆様も異次元の世界へ入り込んで行く不安を改めて感じていたようです。

宿泊先の招待所に無事辿り着き、部屋割りをして二階にある部屋に行こうと階段を昇ろうとした時の事です。急に体を動かす事が辛くなりました。その時既に具合が悪くなった方もいらっしゃいました。

私が一番若くて企画者でもあったので、夕食を抜かれた方の部屋に食事を運んだりしていましたが、高山病にはならないまでも徐々に体がだるくなってきました。ヤク（牛の一種）の匂いが鼻について仕方がなかった事もあり、大げさではなく生まれて初めて食欲がないという症状になってしまいました。

同行者には八十歳を超えた方もいらしたので心配ではありましたが、その晩はそれぞれ静かに休む事にしました。しかし、寝床に入ったものの息苦しくて不眠状態です。

朝、顔を洗おうとして、勉強会の事を思い出しました。

「チベットの人は顔を洗わなくても黒々と艶があって健康体です」と伺った時は「顔を洗わないなんて…」と思っていましたが、下を向くと苦しくて顔を洗いたくありません。

部屋にはシャワーだけしかないと分かった時には「お風呂がないなんて…」と思っていましたが、シャワーを浴びてスッキリしたいという意欲も湧いてきません。

思っていた以上に、体に負担がかかっていたようです。

ペマ・ギャルポ氏は今でも東京の地下鉄に乗ると頭が痛くなるとお話していましたが、私達は高い所に弱く、まさに逆です。

そこで自由時間を作り、それぞれの体調に合わせて観光をしたい方、ゆっくり休みたい方、お土産を買いに行きたい方等のグループに分かれて行動して頂く事にしました。

年齢が高い人ほど空気が薄くても元気だったり、普段元気な男性ほど支障がでたりと、体調は様々でした。

当然の事ながら、体調が良くないと飲食も難しくなります。

チベットの人は磚茶《だんちゃ》（紅茶を圧縮してレンガ状にしたもの）にバターと乳と少々の塩を加えた「チャ・シィマ」を一日に何十杯も飲みます。体を維持するためでしょう。

私はソーセージが好きなのですが、ここでは食べにくかったです。ヤクや羊の内臓に血と調味料で味を付けていたようですが、健康状態が普段と違うので匂いがダメでした。

モモ（餃子）は食べやすかったのですが、これは中国料理的な食べ物で、チベット人には人気ですがチベット料理本来のものではありませんでした。

農作物は高地に適した麦や蕎麦で、豌豆（エンドウ豆）、蚕豆（そら豆）、少量の小麦も作られているようでした。

主食はツァンパで、青稞麦を炒ってから挽いて粉にしたもの（麦焦がし）です。羊のソーセージを腸に詰める時にも、つなぎとして入れます。

翌日は、ポタラ宮殿に行きました。招待所から更に高く、一七八メートルある階段を踏みしめながら全員で登り着いた先は、ラマ僧による荘厳な読経に包まれていました。今まで見た事のない五体投地（両手・両膝・額を地面に投げ伏して礼拝する事）の迫力の祈りに、昨日のだるさや疲れが吹っ飛び、皆様元気になられました。

それぞれの思い出を抱え帰国した後は、いろいろな変化があったようです。

皆様とお会いする度に「チベットに行ってから…」というお話が繰り広げられるようになりました。「その後、記憶が薄れた」「あれから、忘れっぽくなった」など、年齢の事もあるでしょうに、なにかとチベットの旅の前と後を比べていらっしゃるようです。私は母から、チベットに行ってから顔の色が黒くなったと言われました。

それにしても、あの高地の夜空に輝く星の美しさや大きさは、いつまでも心に残っています。

毛沢東の故郷
湖南省　成都〜重慶〜長沙〜岳陽〜武漢〜蘇州

湘菜《シャンツァイ》（湖南料理）

湖南料理は、湘菜と言います。湖南は奥地で海に面していないので、魚介類は川魚が多少ある程度です。

湖南省に興味を持ったきっかけは、当時朝日新聞に勤務されていた西園寺一晃氏（西園寺公望氏のお孫さん）が上梓された『青春の北京』でした。その本の事でお会いした時に湖南料理について「辣」を強調されていたので、「湖南料理を探る」というテーマの宴席で講演して頂き、そのお話を伺って更に興味が増しました。

当時の日本では湖南料理は知る人ぞ知る存在でしたが、柏の「知味斎」では湖南料理の料理人を招聘していたので、その粋な料理や繊細な料理に接する事ができました。

それらが「中国の臍《へそ》」と言われる奥地でどのように出されるのか、それを探究するのがこのツアーの目的でもありました。

まず驚いたのは、テーブルが大きい事です。皿も大きくて、器は深く、箸も長いのです。とにかく全てが大ぶりです。温かい前菜が、多く出されました。

中国料理の四大料理に入らない湖南省の味は、一言で言うと西園寺氏のご指摘の通り「辣」です。唐辛子を用いた料理が多く、唐辛子は血気盛んな強い男性を作るので、湖南には革命家が多いという話を地元で伺った事があります。

隣の四川は、調味料も調理方法も豊かなので、「複合味の辣」と言われています。四川料理の「麻婆豆腐」に対し、湖南料理では「湘江豆腐《シャンヂァンドウフウ》」があります。麻婆豆腐のおばさんに対し、おじさん的な豆腐料理という意味です。

「麻婆豆腐」は、挽肉を用い、豆腐は小さく切ってあり、味は複合的（女性的）です。「湘江豆腐」は、細切りの豚肉です。豆腐はさいの目ではなく一丁に包丁を縦に入れ、その後一センチ弱の幅に切るので、長方形になります。豆鼓という塩漬け発酵食品と、ぶつ切りの青蒜《チンスワン》（葉ニンニク）を加えます。それらを単味（男性的）の唐辛子で強調して煮込んだ料理です。

夜な夜な辛い宴が常ですが、要人を他の地方から招いた時にはあっさりとした料理や華やかな料理を供するので、接待料理が発達したそうです。

私好みの湘菜をいくつかご紹介します。

蒸《ヂョン》腊《ラア》味《ウェイ》合《ホウ》（湖南風燻製肉の合わせ蒸し）
豚肉や腸詰めの塩漬け肉（腊肉）を燻したものを一緒に蒸しただけですが、美味です。
竹《ヂ》節《ウ》鴿《ゴウ》盅《ヂョン》（ハトのすり身竹筒蒸し）
ハトのすり身をスープとよく混ぜ、竹の一節（なければ、長めのカップ）に入れて茶碗蒸しのように蒸したものです。湖南は竹の産地なので竹を用いますが、台湾の湖南料理の場合は、竹筒の他にメロンやトマトの中身をくり抜いて器にする事もあります。
左《ズオ》宗《ゾン》棠《タン》鶏《ヂィ》（左将軍風鶏肉炒め）
清朝末期、湖南出身のグルメ高官が好んだ料理です。種を除いた唐辛子、生姜、ニンニクが入ってスパイシーです。風味にたまり醤油と酢を少々入れます。
東《トン》安《アン》鶏《ヂィ》（湖南省東安都市地方風味炒め）
丸鶏をネギと生姜を入れた湯で茹で、骨を外してから炒めます。
鶏は指位の大きさの拍子切り、ネギは絲《スン》（細切り）にします。それらをまず花椒と唐辛子と一緒に炒めます。次に醤油・塩・砂糖と少々のスープを加えて煮立たせます。その後黒酢を加え、とろみをつけるか胡麻油を加えるかして仕上げます。
スパイシーな味付けと黒酢が、柔らかい鶏を絶妙に引き立ててくれます。

●コラム　三峡下りと月餅

三峡下りの前に列車で湖南省長沙駅に着いた時は、飛行場かと思うほどの広さにさすが元国家主席毛沢東の故郷だと感じ入りました。

当時はまさに三峡下りが流行していた頃で、重慶を発して二泊三日の旅をしました。船にはランク付けがあり、私達団体は幸い特級・一級の良い席が取れました。船旅は私のツアーで初めてだったので少々心配もしましたが、デッキに出て風にあたりながら海の如く広くて穏やかな大河を眺めていると、ゆったりと時が過ぎていきます。船の中の食事は料理店のようにはいきませんが、二、三卓に分かれて自由に過ごして頂きました。

船内放送で遠近美景の説明が流れると、個々に見やすい場所に移動したりガイドさんの話を聞いたりと、忙しく往来します。しかし粽子（ちまき）の由来となった屈原投身の地である汨羅河では、全員集合してガイドさんの話に聞き入りました。

以前シンガポールからタイ・プーケットまで一週間船旅をした時に、時間を余す事なく楽しむ術《すべ》を研究させてもらいました。そこでこの船旅でも虎屋の羊羹を持ち込んでお茶会をしたり、メンバーの諸先輩方に事前にお願いしてお話をしてもらうようにしたりなど、食事の前後にタイムスケジュールを組んでみました。自己満足ながら、楽しんで頂けたと思っています。

船中の料理はそれほど筆記する事はないのですが、この時は折しも中秋の頃でしたので、月餅はいろいろな地方色を各地で堪能する事ができました。

船中では、一卓の大皿に大月餅が一個出てきて、驚きました。

味に感激した記憶はありませんが、大きな月餅を作るには抱えるようにして包み込まなければならず、焼き時間も長かったでしょうから、おそらく固めだったと思います。

それよりも、中秋節を大切に思って月餅を供してくれた事と、船中でお月見ができた事が喜びでした。

シンガポール

中国料理が中国本土以外でどのような広がりを持ち、どのように親しまれているのかを知るために、一九七八年（昭和五十三年）から、いくつかの国を訪ねました。

シンガポールは、空港でジャスミンの華やかなレイで迎えられる等、南国の開放感溢れた街でした。華やかさは宴席で倍増されました。短い旅ではありましたが、どの店も仔豚一頭の前菜で始まる広東料理のフルコースの宴でした。土着のマレー料理やインド料理もありますが、シンガポール料理の主流は中国料理です。香港の広東料理が人気で、名店では香港とほぼ変わらず美味でした。華僑と呼ばれる中国人の方達が食する、独自の伝統を保ちながらも本土と異なる南国の地ならではの料理も、息づいていました。

自由時間には「食街」と呼ばれる食べ物市場等に行ってみました。常にお腹がいっぱいでも、海南島とはまた違った広がりを持つフルーツにはやはり目が向いてしまいます。

裏道を歩くと、リアカーでジャスミンを売っていたので、買い求めてホテルの冷蔵庫に入れておきました。翌日の朝食は洋風でしたが、ティーカップにジャスミンの花を入れ、そこに紅茶を注いでもらうと香りが広がり、爽やかな朝の思い出です。

台湾（台菜《タイツァイ》）

「知味斎」に、傅倍梅《フウペイメイ》先生が台北から定期的にいらして、厨房の料理人に指導していらっしゃいました。先生は元々中国山東省煙台出身で、台北に一九五〇年に移住され、台湾テレビ開始と共に料理番組を担当されていました。日本でもテレビ（フジテレビ　奥様クッキング）に出演されたり『倍梅菜譜』を上梓されたりと、既にご高名でいらっしゃいました。男性の料理人以上に知識も技術もお持ちで、私の憧れの恩師です。

私は夏休みに台北の先生の料理教室があるマンションに、一か月ほど滞在させて頂いた事があります。その近くには台北随一と評され、小籠包が世界的に知られるようになった「鼎泰豊《ティンタイフォン》」がありました。一人で食事する時にはよく小吃等を食べに行き、当時若旦那とお呼びしていた現在の社長と親しくなり、よく夜店に食べに連れて行って頂いたものです。

そのようなご縁に感謝して「傅先生の料理教室と台北の食事会」の旅を企画しました。

台湾は香港と違い、中国の北京・上海・湖南・四川等地方色豊かな中国料理の広がりがあり、リトルチャイナ的な存在となっています。

朝食は、北京料理の油条（棒揚げパン）や焼餅の店に行きました。

昼食は、料理教室後の試食会です。勉強したものの味を見て料理を更に深く学びました。

夕食は、一九八二年当時は湖南料理が一番人気でしたので、そのフルコースを頂きました。

辛くないご馳走だけを集めたコース仕立てで、大陸の湖南省の客人向きの料理でした。


湖南菜で特に気に入った料理は「蜜汁火腿《ミィヂィフォトエイ》」です。塩漬けの中国火腿は、やや厚めの薄切りにし、器に「扣」して氷砂糖を加えて蒸して塩分を除き、整った甜い味付けを浸透させます。四つ切食パンは、切れ目を入れてから耳を切り、大皿に載せてさっと蒸します。個々にパンに蜜の染みわたったハムを挟んで、サンドイッチのように食します。

「湯泡魚生《タンパオユイション》（刺身の湖南風スープ）」も絶品です。大きなスープ鉢に豆苗やカットしたレタス等火の通りやすい野菜を山型に盛り上げます。その上に刺身を重ならないように並べ、刻んだ胡麻や香菜を散らし、最後に卓上で胡椒・酢少々をかけ、熱い塩味のスープを回しかけます。スープはさっぱりと香ばしく、魚はちょうどいい加減に火が通り、野菜はサクサクとした歯触りで、実に美味でした。

●コラム　知味之二把刀

帰国後には、台湾の旅の再現とアップデートになるイベントを企画しました。

まずは傅先生の料理教室の講習会です。それから「鼎泰豐」の小吃の食事会です。まだ来日した事のなかった若旦那をお呼びして、有名な小籠包子もコース料理に入れた宴席を設けました。

隣の部屋は、祺袍《チィパァオ》（中国服）の職人さんもお呼びして、受注会です。

私がこれまで香港・杭州・台湾で作った祺袍を見本として吊るし、ノート状になった生地見本をご覧頂きながら、皆様にお好みの祺袍を作って頂きました。

ちなみに上海には、料理包丁を使う料理人、理髪店や植木屋等のハサミを使う職人、服を作る職人が多く、刃を用いる事から「三把刀《サンパータオ》」と呼ばれ、そう呼ばれる事は腕利きの職人にとって誉《ほま》れとなっていました。この時は料理人と祺袍作りの二人の職人でしたので、イベント名に「二把刀」を加えた次第です。

中国服は流行が殆どなく長く着られますが、糊付けしてある場合はサイズを大きくも小さくもできません。私は栄養士の仕事をしていた頃から自分を実験台にして絶対に太らないように飲食して参りましたが、一層の努力を心掛けなければと思っています。

国内旅行

日本国内の旅にも、目覚めました。

映画評論家の（故）荻昌弘氏が、サンデー毎日の連載「味で勝負」で日本全国の料理店を取材し、ユニークな切り口で料理を紹介していらっしゃいました。中国野菜の事で取材を受けた事がご縁となり、会員になって頂き、中国の旅「上海・杭州・北京」で仿膳の清宮風味も召し上がって頂く等、長いお付き合いが続きました。

荻先生の連載は、旅の企画の願ってもないバイブルとなりました。

初会の一泊二日のツアーでは、メインは志摩観光ホテル高橋忠之シェフご自慢のフランス料理フルコースでした。

荻先生は、新婚旅行先が志摩観光ホテルだった事で思い入れもあり、短期間のグルメコースを見事なまでに仕立ててくださいました。

東京から新幹線に乗り名古屋で近鉄に乗り換えるのですが、その合間には「招福楼」でランチです。本店は時間的に難しかったのですが、折よく駅前ビルに出店されたばかりの支店に伺う事ができました。

翌日志摩観光ホテルの朝食を楽しんだ後、昼食は有名な「和田金」で松坂牛のすき焼きでした。

当時高橋シェフが超有名で憧れの存在でもあった事もあり、九十名を超える申し込みがあり、ホテルの部屋がこれ以上取れないという事で受付を中断したほど大盛況でした。

このような旅を十年間毎年続けていましたが、今は私も会員の皆様もそこまでたくさん食べられなくなったので、多少健康的な小旅行を続けています。


牛肉に特化したツアーもありました。

日本には、松坂牛・神戸牛・仙台牛・近江牛・米沢牛・宮崎牛・能登牛・肥後牛・秋田牛・島根牛等々、地名を付けた美味しい牛肉が数多くあります。

そこで「味で勝負の旅」と銘打ったツアーで日本の牛もテーマにし、パートナンバーを付けて、ツアーの企画を続けました。

荻先生には、今でも感謝の念でいっぱいです。

第五章　中国料理の基礎知識

乾貨

中国は日本の二十五倍の国土の広がりと四大地方の気候風土の違いがあったので、乾貨（山海乾物）も充実しました。そしてこれらを戻す技術が複雑な調理技法を生み出し、調味調理技法が更に発達していきました。

薬食同源とも相まって、東西南北の地方料理や春夏秋冬の様々な宴席料理に彩りも添えて、実に興味深い料理が出来上がっていったのです。

頭菜の乾貨

【魚翅《ユイチィ》（フカヒレ）】

宴席の格式を上げる四大乾貨として「参鮑翅肚《シェンパオチイドウ》」が知られていますが、フカヒレはこの筆頭です。「中国料理でご馳走は？」と問うと、多くの方から「フカヒレ！」という答が返ってくるほど、人気と知名度が高いものです。

部位としては尾ビレ・胸ビレ・背ビレ等があり大きさも様々ですが、形そのままの姿ビレが高級品とされています。フカヒレ自体の品質が違うので順列はつけがたいのですが、形が整っているものは「排翅《パイチィ》」や「鮑翅《パアオチイ》」と呼ばれ、店の玄関に飾るほど大きくて立派なものは「婆翅《ポォチィ》（姥鮫《うばざめ》）」と呼ばれています。バラバラになったものを即席麺のように固めたものは「散翅《サンチィ》」と呼ばれ、大衆向きです。

フカヒレ料理は、地方色がかなり出ます。一般的には、醤油味が好まれているようです。上海地方では「紅焼《ホンシアオ》」という調理方法で、油で処理した後に、美味しいスープを加えて煮込み、味付けは醤油と砂糖です。これはフカヒレ以外にも活用されている調理方法で、地方によってはメニューの中に紅（醤油）だけでなく黄や白の字を見る事があります。味付けや調味料の違いによるものです。

私が好きなフカヒレ料理は広東料理の項で紹介した「清燉排翅盅」です。三十年位前に広東料理が流行った頃、取っ手のない長めのマグカップのような器に、黄金色に澄んだスープと共に立派なフカヒレが一枚入っていました。熱々のスープで蒸されたフカヒレがとても美味しくて、それだけを単品でオーダーすると一つ五、六千円していましたが、その価値があると思ったものです。

季節の蟹の卵や蟹肉、蟹みそを入れて仕上げる上海系の「蟹黄魚翅《シェホワンユイチ》」も美味です。

広東料理のフカヒレ料理は、地方色であった「ココナッツの器蒸し」等が香港等でアレンジされ、「ポタージュ系の洋風スープ仕立てのフカヒレスープ」等が日本にも広がっていきました。

タイやシンガポール等の特産品ドリアンのアイスクリームが流行した頃にフカヒレのドリアンスープを食した事もありますが、これは意外と美味でした。もっともそれは私がドリアン好きだったからかもしれません。

●コラム　大魚翅宴席

高級中国料理店の入り口のウインドウ辺りに、よく大きなフカヒレが飾ってあります。先が鋭く尖った背ビレです。そんなフカヒレを使った宴席を企画した事があります。

私の主催する会を「知味のつどい」から「香饗乃集い」に改名した折、「大魚翅宴席」を横浜崎陽軒で開催しました。当時の(故)曽兆明総料理長が両手を広げてようやく持てた姥鮫の大きさは特筆すべきもので、その写真を添えてご案内をしたところ、大勢の方達が興味津々といった様子で大宴会場に集まってくださいました。

お味はほっぺたが落ちるほどとはいきませんでしたが、なかなか出会えないサイズのフカヒレを食べた満足感は持って頂けたようでした。

【乾鮑《ガンパオ》（干しあわび）】

「参鮑翅肚」の一つです。乾鮑は頭菜に登場するので、乾貨専門店での取り扱いになるほど貴重なものです。また、一般の中国料理店では特別な「鮑魚席《パオユイシイ》」でもない限り調理する機会がないので、その出来映えの善し悪しに差が出てしまいます。

カチカチに干した鮑を戻すのは、とても大変です。料理人ならだれでも戻せるというわけではなく高価でもあるので、日本の中国料理店では水煮の缶詰を使う料理が一般的です。

●コラム　鮑魚席

日本人が鮑を買おうとする場合、ぼられないように注意しなければなりません。そこで「うまいのまずいの、おいしいの会」香港ツアーに行った折、銀座三笠会館の谷善樹社長（当時）は、当時香港に出店されていた聘珍樓の総料理長・謝大師博に付き添って頂きました。日本人が買うにしても謝大師博のご紹介ですから少しはお安くなるのではと思いましたが、それでも一個十万円でした。大変立派な鮑でしたので、本来ならばもっと高額になったと思います。それを十個買い求め、いつか宴会のイベントに活用したいと思いつつ、金庫に保管していらしたそうです。

その後、三笠会館の「秦淮春」から「鮑魚席を開催したい」とお声がかかりました。

一人当たり四分の一個使うのが理想的だと謝大師博がおっしゃるので、鮑の原価だけで一人二万五千円になります。加えて、上等の鮑が頭菜でしたらコースの格を考えてその後次々に供する大菜もそれなりのものを考えなければなりません。

このコースの場合、座菜は大フカヒレの姿煮でした。器は大きな冬瓜を縦割りにして彫刻を施し、熱く蒸します。そしてその中に清湯で含め蒸しにした大きなフカヒレを入れて、供されました。まさに「秦淮春」の特一級料理長・居長龍師傅の腕の見せ所でした。

このようなコースでは一人十万円でも赤字でしょう。しかし主宰者である谷社長は一人五万円という破格の安価をご提示くださり、人数は鮑をお出しできる四十名限定となりました。

人数制限があるので、イベントへのお声がけには苦慮しました。

この香港ツアーでご一緒したフランス料理の鉄人坂井宏行シェフはじめ会員の方達に加え、当時私が非常勤講師を務めていた服部栄養専門学校の校長であられる服部幸應先生にもご参加頂き、皆様にとても喜んで頂きました。

忘れられない「鮑魚席」です。

【海参《ハイシエン》（なまこ）】

なまこも「参鮑翅肚」の一つに挙げられる高級食材で、「海参席」では頭菜を飾ります。なまこを乾したものは日本では「きんこ」と呼ばれています。海の人参と書くので薬効が高いのではないかと思ったものですが、漢方での薬効は定かではないようです。

「お土産にもらったけれど、どうやって戻すのですか？」と尋ねられた事がありますが、これがなかなか至難の業です。まず、なまこの中の腸を取り出さなければなりません。水戻しをした後に茹でてから縦に切り、腸を取り出します。

日本では生の状態で取り出した腸を塩辛にした「このわた」を重宝に美味しく頂きますが、中国ではまなこ自体もその腸も生食しませんし、腸を料理に用いる事もありません。

先日、日本で表面をトゲに覆われた黒くて小さい「刺参《ツーシエン》」を頂く機会がありました。これは黒いので「烏参《ウシエン》」とも呼び、中国では山東省等北方のものが多いのですが、この時は北海道産でした。中国南方には、表面が白い種類や大きめのもの等、いろいろあります。「婆参《ポオシエン》」と呼ばれる一個数十センチと超大型のなまこは、南方産で最高級品です。「婆翅」もそうでしたが、こちらも老婆の婆を当てています。どうして爺ではないのでしょうか。独りよがりの解釈で恐縮ですが、能「山姥」の曲舞《くせまい》の如く髪を振り乱した老婆は万国共通で恐怖感を持ってしまうものなので、大きなフカヒレもなまこも畏敬《いけい》の念を込めて、婆を名前に冠したように思います。

以前参加した満漢全席では、昼夜二日間食べ続けましたが、頭菜の乾貨は最高級品のオンパレードでした。婆参の料理は特にダイナミックで、かなり大きな楕円形の大皿の上に長くて大きいなまこがドンと鎮座していて、あまりの迫力に歓声が上がりました。

調理法も、素晴らしかったです。大きななまこの中に海鮮のすり身を入れ、しっかりとかまぼこ型に形を整えて、蒸し煮に仕上げてありました。味付けは広東系の紅扒《ホンパー》（あっさりしたあんかけ醤油）で、すっきりとした味わいの座菜でした。


【魚肚《ユイドウ》（魚の浮き袋）】

「参鮑翅肚」の肚は、魚の浮き袋です。魚の種類によって大きさも様々です。

戻し方に、特徴があります。

油で揚げる手法は、浮き袋がスポンジ状に膨らみ、比較的早い時間で仕上げる事ができます。一方水戻しは時間がかかりますが、白い魚肚のスープ仕立て等は風味が豊かでムチムチとして、とても美味です。ちなみに、塩で戻す手法もあります。

【燕窩《イエンウォ》（つばめの巣）】

金糸燕（あなつばめ類）は、人や動物が容易に近づけない海岸の洞窟や断崖絶壁に巣をかけるので、その巣は大変貴重です。

中国料理だけでなく女性の美肌効果という意味でも、広く知られている食材です。

東南アジア各諸島（インドネシア・タイ・マレーシア等）が産地として有名ですが、中国でも南海諸島で多少手に入ります。

作りたての巣は、馬蹄銀（馬の蹄の形をした銀塊）のような美しい形をしています。それを二度三度と作り続けていくうちに、色が白から灰色へと変わり、品質も落ちていきます。しかし最後に血を吐いて作る巣は血燕と呼ばれ、滋養があるので更に高価な品となっています。

入手が簡単ではないため、日本の宴席では、燕窩の上湯スープ等で少量ながら活用されている程度です。中国本土でも、氷糖仕立てのデザート等が殆どで、料理としてはあまり使用されていません。

色々な燕窩料理を楽しむとしたら、なんと言っても食材の宝庫である香港でしょう。

●コラム　満漢全席のつばめの巣

私にとって最も思い出に残るつばめの巣は、一九七二年十一月、香港の大同酒家にて、食材的に入手困難なために「最後の満漢全席」と言われた宴席で出されたものでした。

私の恩師曰く「満漢全席とは、中国料理を勉強し終えた人が最後に食べる料理ですよ！」

その頃の私は中国料理を目指すかまだ迷いがある時期でしたので、畳み掛けるように供される料理の素晴らしさに圧倒されてばかりでした。そしてここで出会ったつばめの巣も後にも先にも食べる事ができないほど極上の料理でした。

楕円形の大皿の上で供されたつばめの巣は、極上の味の上湯スープで煮含めた透明感を持つ白色で、それが粉絲（春雨）かと思うほどたっぷりと盛られていました。付け合わせの野菜も飾りもありません。ただ火腿（中国ハム）の細切りがチラチラと品よく散らされ、赤い色と風味を控えめに添えてくれているだけです。官燕（最上級品）を品良くしかも豪華に美味しく頂いた経験は、今でも忘れる事ができません。

燕が餌となる海藻をついばみ大量の唾液を混ぜ合わせて仕上げた巣は、ゼラチン質でさぞかしお肌に良かったと思います。当時は若かったせいかその恩恵《おんけい》が分からず、今となってまた食べたいとしみじみ思ってしまいます。

野味の乾貨

【鹿筋《ルウヂン》（鹿のアキレス筋）・鹿茸《ルウロン》（鹿の袋角）・鹿尾《ルウウェイ》（尾）】

第三章「東西南北求味の旅　東北三省の旅」でご紹介したように、中国料理では肉よりも鹿筋（アキレス筋）や鹿茸（角）、鹿尾（尾）が珍重されます。

鹿筋は、牛や豚のアキレス腱よりもずっと高価で、名菜も多くあります。魚肚と同じ戻し方をしますが、鹿筋を戻す技術は更に難しく、誰でもできるわけではありません。しかし鹿筋はとても美味で上品ですので、少々高価ではありますがお薦めしたいものです。

最近は、日本でも鹿肉を食す機会が増えました。フランス料理以外の料理でも使われています。しかしながら、鹿からアキレス筋は取り出されているのでしょうか。

食材を無駄なく食べ切る事は、食材への敬意であり新しい料理への足がかりでもあります。携《たずさ》わっている方にお願いです。鹿のアキレス筋の取り方は難しいかもしれませんが、どうぞ捨てないで美味しくご活用ください。

鹿茸は鹿の袋角で、滋養強壮となる漢方薬としてスープに用いたりします。梅花鹿《メイホワルウ》のものが最高級とされています。

鹿尾は高級滋養食品で、特に黒龍江省と吉林省で産する馬鹿《マアルウ》の尾が最良とされています。

【熊掌《ションヂァン》（熊の手のひら）】

熊掌は殆どが乾燥または冷凍ですが、貴重品なので満漢全席や宮廷料理等では頭菜として出てきます。熊にも種類があるようです。私が食した熊掌が何熊なのかは不明ですが、中国東北地方の熊が有名です。

古来より、宮廷料理では八珍の一つとして熊掌が挙げられています。

八珍とは、古来、時の王侯貴族の元に中国全土あるいはさらに遠くから送られた珍味（希少にして極めて美味なもの）の上位八種です。

四つ足ですから、左右どちらがいいか、前足後ろ足どちらがいいか、と言われていて、甘い蜜を食べるので前足の右がいいのではないか等、色々な説がありました。冬眠中に掌を舐めるだけで大きな体を維持できていたので、その掌に何か力を感じて珍重されたのでしょうか。とはいえ、たくさん入手できるわけでもないので、結局は左右関係なく全部を用いているようです。

第三章「東西南北求味の旅　古都北京に名菜を尋ねて」でご紹介したように「彷膳」では裏山で獲れたフレッシュな熊掌が調理されたものを食しましたが、乾貨の熊掌の下処理は大変です。下茹でをして、毛を一本一本抜き、臭みを取るという長い工程を経て初めて、味を入れる事ができます。

故事によると、戦国時代にある王が殺される寸前に「最後の願いとして死ぬ前に熊掌を食べさせてほしい」と頼んだところ、敵将が直ちに殺してしまったそうです。調理に時間がかかる故に「熊掌を食べたい」という言葉を時間稼ぎだと思われたのでしょう。しかし、古来より憧れの食べ物だったに違いありません。

私も若い時は興味津々で食べる意欲がありました。しかし今は膠質《こうしつ》でお肌に良いと言われても、年のせいかあまり食欲が湧きません。

日本では、熊と言えば漢方薬「熊の胆《い》」として、知られています。

熊が町に出没したニュースを見ると怖いと思ってしまいますが、パンダは同じクマ科でも愛らしい風貌《ふうぼう》で、中国語で熊猫《シュンマオ》（ジャイアントパンダ）と呼ばれています。

日本でもパンダを見ることはできますが、是非中国最大の北京動物園で数多くのパンダをご堪能ください。

中国野菜

中国では、野菜は「不時不食（その季節でないものは食さない）」というほど、旬《しゅん》に拘ります。

中国料理の食材は、日本と比べると生物《なまもの》が少なく生食する食材も皆無に等しいですが、私が中国料理を勉強し始めた頃は生で食べるのはレタスとサラダ菜くらいで、これを中国名で「生菜《ションツァイ》」と言っていました。キュウリでさえも炒めて味付けします。

中国野菜の格付け

宴席料理では、新鮮な野菜を前菜から活用します。大菜の肉料理の副《そえ》として出したり、魚介類や鶏等の炒めものや揚げ物に彩りを加えたりもします。大菜の後半の「素菜」として野菜の一皿が出る事があります。このように野菜は料理の重要な位置を占めますが、中国の宴席ではどんな野菜でも良いという訳ではありません。

あくのあるほうれん草等は、宴席では用いません。茎が空洞の空芯菜《ユンシンツァイ》もあくがあり、何《ど》処《こ》でも生える野菜なので安い野菜と格付けされ、用いません。

青いニラは匂いが強く、また切っても次々と生えてくる安価な野菜なので、格付け対象にすらなりません。

一方黄ニラは、室《むろ》を作って手間をかけて育て、何度も切れないところから、高級野菜となります。高値で今でも個人的には手に入りにくい食材です。

高級野菜としては、他に蕾を持ち白い花の芥蘭菜《チェランツァイ》、菜の花のような黄色い蕾を持つ油《イウ》菜芯《ツァイシン》等があります。牛肉料理が多い広東では、芥蘭菜を芥蘭《ガイラン》（広東語）と呼び、黄色い蕾を持つ油菜を菜芯《イウツァイチョイサム》（広東語）と呼んで多用しています。魚介の旨味に合う翡翠色になる結球（玉レタスのような芥菜《チェツァイ》）は、芥菜《ガイチョイ》（広東語）と呼んでいます。

エンドウ豆の芽である豆苗《ドウミャオ》も、高級です。日本名トウミョウと称して売られているものがありますが、全くの別物です。スプラウトのトウミョウは家庭の野菜としては良いのですが、宴席には出せません。

豆苗は十一月が旬で、炒めると豆の香りがします。芽が出るとどんどん伸びてしまうので、十～十五センチで摘み取って売られています。

プロの料理人は豆苗を五センチ位で摘み取り、硬い葉をちぎり、スジを取って下ごしらえするので、手間暇がかかります。当然の事ながら高価です。

意外と思われる、高級野菜もあります。

以前グルメ雑誌に料理を取り上げられ、ある料理評論家から厳しい批評をされたために上司から呼び出しを受けた有名ホテル広東料理総料理長がいました。低評価の理由は、フカヒレの副に「もやし」を使った事でした。

しかし豆芽（もやし）は、丁寧に根と芽を取り除いて銀芽と名を変えると立派な高級野菜となります。料理評論家の方はそれをご存じなかったのでしょう。

その当時、中国料理店特に広東系の料理店では、銀芽を仕入れて使っていました。当時私が顧問をしていた有限会社 中国野菜木村商店でも銀芽を卸《おろ》していましたが、もやしの処理専門のアルバイトをお願いしていました。私が下処理をやってみると、一袋に十五分はかかりました。そのうえ丁寧に扱わないともやしが痛んだり短くなったりしてしまいます。相当な手間です。結果、価格も約十倍に跳ね上がり、高価になります。

また、もやしはその形から「如意」に通じます。中国には年菜（中国のお節料理）や宴席に用いるお目出たい料理の食材があり、もやしもその一つなのです。

魚翅料理では、フカヒレのムチムチした食感ともやしのサクサクとした食感の相性がいいので、もやしや黄ニラをそれぞれ炒めて副とします。

菜胆《ツァイタン》

中国の料理人は「野菜は細かく切るほど、味が抜けて価値が下がってしまう」と考えているので、菜胆（野菜を切らずに丸ごと一個使う事　動物の胆は一個なのでこの字を当てています）を大切にしています。特に香港では、その意識が高いようです。

白菜は、中国の南では「白菜《パクチョイ》」（広東語　広東白菜）、東では「青梗菜」（上海系小白菜）、そして北では日本の白菜と同じように大きな「山東大白菜」が有名です。

最近大きく育成させた青梗菜を見かけますが、目方が増えると当然安くなり価値は下がっていきます。現在は上海系小白菜である青梗菜を見かける事は滅多になく、スーパーマーケットで売られている青梗菜と称したものは炒めても白い根元（梗）が青くならない場合もあります。これはとても残念です。宴席で本物の青梗菜を使う料理店がそれだけ少なくなってしまったという事かもしれません。

例えばフカヒレの副に青梗菜を使う場合、大きな株を四等分や六等分にするのではフカヒレの価値とのバランスが取れません。

外葉は取り除いて他の料理に転用し、小さい葉っぱを二、三枚だけ残した芯の部分だけを使うのです。これこそが青梗菜を味わえる最高の形です。

そこで香港では、既にミニ青梗菜なるものを作っていました。一個十五グラム位で、とても可愛らしくて美味しい野菜です。

広東白菜を魚翅の副とした「菜胆《ツァイタン》鮑翅《バァオチ》」は、メニュー名に「菜胆」が入っているので、青梗菜も同様に広東白菜をミニでそのまま調理するという事です。

ただ、菜胆をメニュー名に入れる料理店は、少なくなってしまいました。

日本産中国野菜

「知味斎」でご縁を頂いた頃、千葉県の柏駅近辺は賑やかですが、少し足を延ばすと四方に畑が広がっていてネギやニラ等の産地でした。

老板はその地に目をつけ、中国からせっせと野菜の種を買い付け、農家の方達と一緒になって立派な料理の「副」となる野菜を作るようになっていました。優れた慧眼《けいがん》をお持ちだと、敬服したものです。

まずは、青梗菜です。高級な黄ニラや、その頃はまだあまり知られていなかった香菜（パクチー）も手がけるようになっていました。

【普及活動】

次々と中国野菜が収穫できるようになりましたが、実際の売り上げに繋げないと農家の方達の生活を逼迫《ひっぱく》させてしまいます。

まずは生産者に中国野菜の美味しさを伝える事で、自信を持って頂ける事が大切です。

そこで少しでもお役に立ちたいと思い、農家の方達を対象とした中国野菜の料理教室を開催しました。熱心に参加してくださった皆様には、感謝しかありませんでした。

次の段階は、仲買人を探して市場で売ってもらう事です。そこで有限会社 中国野菜木村商店にご尽力頂ける事になりました。

しかし当時、中国野菜はまだ市場に浸透していない状態です。中国野菜の普及活動は、簡単ではありませんでした。木村社長もずいぶん苦慮されていました。

そこで皆様に広く知って頂くために、スーパーマーケットで試食販売のデモンストレーションを行いました。作っては捨てるという状況を何としても打破しなければなりません。そこで「捨てるくらいなら」という思いで試食販売を多方面に展開する事にしたのです。

例えば青梗菜です。湯の中に油を入れてさっとくぐらせる広東料理の手法を用いてみたら、多くの方にとても気に入って頂けました。まだ一般的には知られておらず、店内で埋もれたままになっていたオイスターソースの牡蠣の風味が新鮮で美味しかったのも、一因だと思います。

しかしそこで「野菜は、ほうれん草でもいいよね」という意見が出ました。「ダメです」と、私は即答しました。ほうれん草は、今はサラダ等で食べられるものが出回っていますが、本来は蓚酸《しゅうさん》カルシウムを含んでいるので、茹でて水に晒してあく抜きをしてから食べる野菜です。油を入れたお湯では油膜が野菜の表面を覆《おお》ってあくが出にくくなるので、ほうれん草では不都合なのです。

おかげで青梗菜はそこそこ売れたのですが、その数倍の価格のオイスターソースがどんどん売れ、お店には大層喜んで頂きました。お役に立てて幸いでしたが、少々複雑な気分でした。

黄ニラや香菜は、刻んで生のまま春巻きの皮に包んだものを揚げたり、油で両面を焼く「煎」という手法を紹介したりしました。

本来の春巻きは、家で作るには手間暇がかかります。具の肉や野菜を炒め、調味してとろみをつけ、しっかり冷ましてでんぷんが固まり包みやすくなって初めて、具となります。それを包み揚げするのですから、更に手間も時間もかかります。またご飯のおかずになりにくい点心でもあります。

しかし私がご紹介した春巻きは、フレッシュな野菜に旨味になるたんぱく質等を少々加えてそのまま包めるのでとても簡単です。またここでも、野菜よりも高価な春巻きの皮が底をつくほど売れるという状況が見られました。

このような試行錯誤を続けていましたら、国交回復直後というタイミングやデパートで開催された中国展のブームが重なり、デモンストレーションの場所はスーパーマーケットからデパートへと展開していきました。

高度成長期の最中、中国展は都内の各デパートで好評を博し、中国の食文化だけでなく衣類や宝石、雑貨商品、美容、薬、中国茶、老酒等が広角的に知られる事になりました。都内には飲茶の専門店が存在していましたが、お店に行く代わりに中国展で点心類を買い求め、家族との食事や友人とのお茶会で楽しむお客様が多かったようです。テイクアウトでよく売れていたのは「韮《にら》まんじゅう」という点心で、青ニラが使われていました。

そしてその店の隣には必ず中国野菜コーナーがあり、野菜の会社で顧問をしていた私もお手伝いをしていました。おかげさまでそれまでは知る人ぞ知る存在だったフレッシュな中国野菜の数々を、多くの方にご紹介できたと思います。

この時は広東料理がブームでしたので、出店された殆どは横浜中華街の老舗でした。二世や三世のオーナーや料理長の方達との出会いも、私としては得難い経験でした。

(故)周富徳師傅も、中国展に出店されていました。当時は赤坂離宮のオーナーシェフで、テレビ番組等で大人気の花形シェフでしたが、上下関係を全く気にされないとてもチャーミングな方でしたので、出店《でみせ》も大人気でとても賑わっていました。

一日中立っていると疲れますから、皆様時間をずらして食事や休憩に行きます。しかし周さんは、どんなにお誘いしても「俺がいないと、お客さんが少なくなるから」と決して休みを取りません。お体を酷使することも厭《いと》わない、本当に素晴らしいお人柄でした。

一九七二年（昭和四十七年）頃は、大変な料理教室ブームでした。私もデパートからご依頼を頂き、料理スタジオで講師として中国野菜を取り入れた地方色豊かな料理を紹介していました。それはそれでよかったのですが、これまで食事会を企画してレストランの有名シェフとも親交のあった私は「中国野菜を用いたフランス料理」という切り口でのイベントも開催する事にしました。

石鍋裕シェフは元々中国料理がお好きで、中国野菜売り場に赴《おもむ》くと迷う事なく青梗菜を手に取られました。中国料理の場合、青梗菜を縦割りにして使う時には火が入ると緑になる外皮を上にして皿に盛ります。しかし石鍋シェフは、青梗菜の切り口をあえて上にして、パイレックスの丸皿に放射状に並べ、コンソメスープで蒸し煮して、ハムのみじん切りを少々散らした一皿を紹介してくださいました。淡い緑色の青梗菜の断面の一枚一枚の間にピンクのハムが映え、見栄えも想像以上に美しい逸品でした

坂井宏行シェフは、ジャガイモをペティナイフで剝ぎ取るように切ったり、中が黄色で外が緑色の角瓜（ズッキーニ）をピューラー（皮むき器）で縦長に薄くスライスしたりして、リボン状にした野菜を編んでケースを作り、具を包み込みました。その素晴らしい妙技は、料理の美味しさと共に驚きをもたらしてくれました。

お客様だけでなくデパート側の方達も、鉄人や達人による中国野菜メニューに感激してくださり、これを機に私は「大きな催事の際には、有名シェフの企画を是非お願いしたい」と頼まれるようになったのです。

中国酒

白酒

大麦や高粱等の穀類を原料とした、無色透明の蒸留酒です。中国で生産される酒類の中で最も種類が多く、世界三大蒸留酒の一つとされます。「焼酒」あるいは「火酒」とも言われ、その名から連想されるように五十～六五度と高いアルコール度数が特徴です。田中首相が日中国交回復の宴席に用いて、有名になりました。代表格が貴州の茅台酒で、他に山西省の汾酒、揚州の洋河大曲、四川省の五糧液等があり、地方色豊かです。かつては国酒と呼ばれ乾杯等で多用されていましたが、現在は需要が鈍化しています。

黄酒

中国に最も古くからある酒で、もち米を中心に、うるち米やきび等を原料にして造られる醸造酒です。浙江省、江蘇省、福建省、上海市等で多く造られています、黄酒を代表する酒と言えば紹興酒です。紹興酒は浙江省紹興市で造られる老酒にだけ与えられる銘柄の事で、フランスのシャンパーニュ地方でしか許可されないスパークリングワインをシャンパンと呼ぶのと同じです。

紹興元紅酒、紹興加飯酒、紹興善釀酒、紹興香雪酒、紹興花彫酒等が知られます。

老酒《ラオヂュウ》とは、長期間熟成させた黄酒の事です。特に産地の限定はなく、アルコール度数は概《おおむ》ね十二〜十七度です。冷やしても良いですが、常温または温めて飲みます。

果酒

果実を原料とした醸造酒で、果実を原料として造る醸造酒と、白酒をベースに果汁を配合して造る酒の総称です。葡萄酒《プータオヂュウ》（ワイン）がもっとも多く生産されています。特徴は濃厚で甘口である事です。他に、玫瑰露酒等があります。

啤酒

ビールの事です。遼寧省潘陽市の雪花啤酒、山東省青島市の青島啤酒等が有名です。大都市を中心に全国に工場があり、需要が年々伸びています。

配製酒・薬酒

配製種は、漢方薬剤、果実、花を配合した酒で、色や香り、味に特徴があり、薬効があると言われています。

薬酒は黄酒や白酒、果酒に漢方薬材を漬け込んだ物で、医食同源の中国ならではのリキュール（露酒）です。竹葉青酒、桂花陳酒、三蛇酒、五加皮酒等が知られます。

中国茶

第三章「春夏秋冬　春」でご紹介したように、中国人は日本人と同じくらいお茶が好きです。食事には欠かしませんし、オフィスの自分のデスクにもびっくりするくらい大きなマイカップが置かれています。何茶を飲むかで地方色が分かる事も、珍しくありません。

中国茶は製造方法や色の違いから、六大銘茶として「緑茶《リュイチャ》（不発酵）」「白茶《バイチャ》（弱発酵）」「青茶《チンチャ》（半発酵）」「紅茶《ホンチャ》（完全発酵）」「黒茶《ヘイチャ》（後発酵）」「黄茶《ホワンチャ》（弱後発酵）」があります。「花茶《ホワチャ》」も好まれています。

緑茶

中国の茶生産量の約八割を占め、一般的に飲まれているお茶です。日本茶のように茶葉を蒸すのではなく、釜入りして作ります。発酵が進む前に加熱してしまうため、不発酵茶となります。そのため、茶葉のフレッシュな香りが楽しめるお茶です。

長江流域の江南地方が主な産地で、龍井茶、碧螺春、緑牡丹、黄山毛峰等があります。

白茶

比較的新しい茶で、福建省で生産されていますが、生産量が少なく貴重なお茶です。

多くは、茶葉に白い産毛が付いています。

刺激が少ないため、香港の飲茶では年配者に好まれています。

青茶

烏龍茶が代表的で、福建省、広東省、台湾等で生産されています。

発酵の過程で茶葉が鮮やかな青緑色になるので、青茶と呼ばれています。

香り高く、工夫茶（中国式の茶道）が発達しました。

包種茶《パオゾンチャ》、凍頂茶《トンティンチャ》、安渓鉄観音《タンチーティエユワンイン》、水仙茶《シュエイシエンチャ》、白毫烏龍《バイハオウーロン》、特にミネラル豊富で高価な岩《イエン》茶《チャ》等があります。

紅茶

十六世紀頃から福建省で生産されています。安徽省の黄山に麓で採れる祁門紅茶《チーメンホンチャ》は、インドのダージリン、セイロンのウバと並ぶ世界三大紅茶の一つです。

茶葉蛋等、料理にも用いられています。

黒茶

ダイエット茶として知られる普洱茶《プーアルチャ》を代表とし、茶葉を麹菌等で発酵させたものです。独特の旨味があり、固形茶で、長期保存できます。香港や中国西南部では、日常的に飲むお茶として愛飲されています。後発酵茶なので、宵越しのお茶としても飲めます。

普洱茶は、成形により名前が付けられ、ユニークなものが多くあります。例えば餅茶《ビンチャ》とは人頭茶で、人の頭ほどの大きさの薄い餅型のことです。他に、沱茶《タオチャ》（お椀型）や団茶《トワンチャ》（固形茶）等があります。何十年物の陳茶（古茶）は、驚くほど高価で売られています。

黄茶

緑茶に近い味わいです。

湿り気のある茶葉に菌を付けて発酵させ、茶葉と水の色が黄色になるので、黄茶と呼ばれます。唐の時代からあるという、入手困難な貴重なお茶です。

芽の部分を使う事が多く、君山銀針《ジュンシャンインチエン》、霍山黄芽《フォシャンホワンヤ》等があります。

君山銀針を湖南省洞庭湖で飲みましたが、茶葉が長い針状に手揉《ても》みしてあり、湯を入れると茶葉が立ちました。

花茶

香片茶とも言います。花や蕾等を乾燥させたものを茶葉に混ぜ、香りを移したものです。主なものに、桂花（キンモクセイ）、茉莉花（ジャスミン）、蘭花（白蘭・珠蘭、玉蘭等）、梔子花（クチナシ）、柚子（ユズ）等があります。

北京等では、ジャスミン茶が好まれています。

茉莉花茶《ムオリーホワチャ》、白珠龍《バイヂウロン》、玫瑰花茶《メイクェイホワチャ》、桂花茶《ゴェイホワチャ》、菊花茶《ヂュホワチャ》、山茶花《シャンチャホワ》等があります。

吉祥如意*の食材

（*たくさんの幸いごとが意のままになるようにという思い）

野菜	
百合（根）（パイホウ）	和合・夫婦和合。百年の長い年月を共に仲良くという意
花椒（ホアジャオ）	多産。山椒の実がたくさんついているところから子孫繁栄の意
豆芽（ドゥヤ）	如意。芽と根を取って銀芽になる。如意棒に似ているところから思い通りになるという意
慈菇（ヅグウ）・荸薺（ビィヂィ）	地利。くわい、水クワイ。地中のもので大地の利益の意
青菜（チンツァイ）	延寿。不老長寿。万年青で、長寿の意
髪菜（ファツァイ）	発財。淡水の水苔。同音で、お金が入ってくるの意。正月料理で干し牡蠣との煮込み「発財好市」

魚介類

蝦（シャ）	仙翁・長寿。長いひげと甲殻の背曲がりが老人を意味し、男性であることから翁を充てる。祝い膳に必須
蚶子（ハンズ）	元宝菜。二枚貝で餃子型。清朝の元宝銀に似ているところから、目出たいの意
蠔豉（ハオチィ）	好市／同音。干し牡蠣。良い市でよい出会いがあるの意。髪菜との組み合わせで「発財好市」
鯉魚（リィユイ）	利益・有余。魚は、最も目出度い料理。年々有余で、金銭的にも精神的にも物質的にも、余裕があるの意
鯰魚（ネェンユイ）	粘り・有余。鯰はナマズ。年々有余の意
鱟魚（ホウユイ）	夫婦和合。カブトガニは常に雌雄一緒にいるので結婚式等の祝いによい

植物

松（スン）・松子（スンズ）	不老長生・長寿。千代の松は千年という老松能「高砂」にもあるように寿命は長命、長寿の意
竹（ヂュウ）	祝／同音。竹は地下茎が横に根を張るので、親戚関係や仲間の結束や繋がりが強く君子の交わりの意もある
筍（スン）	孫／同音。子孫繁栄の意。竹蓀の食材。年々高々で向上心の表れ。正月料理に欠かせない
梅（メイ）	媒・諜・母／同音。女性の意。木や木花の先駆け。正月花として瓶に生ける。中国国花。五瓣の花びらが五代民族の意
水仙（ショエイシェン）	水鮮。草花の先駆け。正月花として球根付きで水盤に生ける
牡丹花（ムータンホワ）	富貴。豪華な花が咲いた様子を「花開富貴」と言い目出たいメニュー名

果実

石榴（シィリュウ）	多子。ザクロの中に粒が一杯入っている様子から、多子の意
桃（タオ）	刀・逃・兆／同音。刀で悪魔や鬼を切り倒す、逃げるの意。良い兆し。西王母の桃は数千年に一度実をつけるので、長寿の意
西瓜（シーゴォワ）	千孫。スイカに種がたくさんあることから、千の孫を意図し、子孫繁栄の意
茘枝（リィチィ）	同音から、男子の立身出世の意。立子（リーズ）
柿（シー）	良事／同音。どちらかというと生の柿より干し柿。良事に繋がる「事々大吉」等のメニューでは、柿二つと大きなざぼん一つで水果メニューとなる

果実・堅果

橘（ジュウ）・橙（チァン）	祝・吉／同音。祝いと吉の意。橙は日本でも正月飾りで代々永久の意
仏手柑（フォシュオカン）	如意。一年を意のままに福を掌握する
金柑（金橘）（ヂンカン）	祝・吉。中国の料理店で正月に門松の如く用いる縁起物
杏（シン）・杏仁（シンレン）	及第。あんず。フルーツとしての価値より、種の中の杏仁が漢方薬としての価値が高い。三月頃に開花するので、科挙の試験に合格するという意を込めて及第
紅棗（ホンザオ）	棗と早が同音。過年に餃子にナツメを入れて当たりくじにする事で子供が早く生まれる等、良事が早まるの意
胡桃（フウタオ）	長寿。くるみ。桃からくる長寿の意
栗子（リーズ）	栗と利が同音。利に繋がる意
花生（ホワション）	長生。ピーナッツは不老長寿の食品として知られている。生は子どもが生まれるという意もある

その他	
羊（ヤン）	吉祥。宗教的にも羊は穢れなき動物で、お供え物となる羊が吉祥の意
蝙蝠（ビェンフウ）	福。蝠と福が同音。コウモリは年画に必ず描いてある。一般的に食材としない
霊芝（リンツ）	如意・起死回生。レイシは椎茸のようなキノコ。両方から内側に巻き込んだ形が如意。癌の特効薬としても知られている

中国料理の中国語

乾貨

【海味】

魚翅（ユィチィ）　ふかのひれ
燕窩（イエンウオ）　つばめの巣
海参（ハイシェン）　なまこ
乾鮑（ガンバオ）　干しあわび
魚肚（ユィドゥ）　魚の浮き袋
乾貝（ガンベイ）　干し貝柱
海蜇（ハイヂョオ）　くらげ
蝦米（シャミィ）　干しえび
乾魷魚（ガンイウユィ）　するめ
髪菜（ファツアイ）　毛髪に似た藻類の一種
　水ごけ

【山味】

香菇（シャングウ）　冬菇（ドングウ）
　干ししいたけ
花菇（ホワグウ）　干ししいたけの一級品
木耳（ムゥアル）　乾燥きくらげ
白木耳（バイムウアル）　乾燥白きくらげ
冬虫夏草（ドンチョンシアツァオ）
　冬虫夏草の乾燥品
玉蘭片（ユイランピエン）
　干したけのこの一種で最高級品
麺麻（メェンマア）
　メンマ　干したけのこの一種
乾果（ガングオ）　干した果物や木の実

魚介類

【淡水魚】

青魚（チンユイ）　あおうお
花鰻（ホワマン）　あかうなぎ
香魚（シャンユイ）　あゆ
鰻（マン）　うなぎ
大閘蟹（ダアジアシエ）
　淡水のかにの一種　上海蟹が代表的
茴魚（ホエイユイ）　かわひめます
鱖魚（ゴェイユイ）　けつぎょ
鯉魚（リィユイ）　こい
白鰱魚（パイリエヌユイ）
　はくれん　コイ科
銀魚（インユイ）　しらうお類
草魚（ツァオユイ）　そうぎょ
水魚（ショエイユイ）
　すっぽん　甲魚とも言う
鱔魚（シャンユイ）　たうなぎ
泥鰍（ニィチュウ）　どじょう
鯽魚（ジィユイ）　ふな

【海水魚】

烏賊（ウゼイ）墨魚（モォユイ）　いか
金線魚（ジンシエンユイ）　いとより
海胆（ハイダン）　うに
蝦（シヤ）　えび
舌鰨（ショオタア）　したびらめ
日本鬼鮋（リベンゴェイイウ）
　おにおこぜ
鯒（ヨン）　こち
鮫魚（ジャオユイ）　さめ
藍点馬鮫（ランディエンマァジヤオ）

さわら
鱸魚（ルゥユイ）すずき
帯魚（ダイユイ）たちうお
海馬（ハイマア）たつのおとしご
鱈魚（シュエユイ）たら
飛魚（フェイユイ）とびうお
石斑魚（シィバンユイ）
はたの類　広東語ではセッパン
海鰻（ハイマン）はも
黄條鰤（ホワンティヤオシイ）ひらまさ
鮃魚（ピンユイ）ひらめ
河豚魚（ホォトウンユイ）ふぐ
鯔魚（ズユイ）ぼら
竹筴魚（ヂュウツォユイ）まあじ
真鯛（ヂェンディヤオ）まだい
蟹（シエ）かに

鰈（ディエ）かれい

【貝・藻】

鮑魚（バオユイ）あわび
青蛤（チンゴォ）おきしじみ
牡蠣（ムゥリィ）かき
昆布（クゥンブゥ）こんぶ
紫菜（ズツァイ）のり
文蛤（ウェンゴオ）はまぐり
扇貝（シャンベイ）ほたて貝の一類

肉類

【家畜】

猪（ヂュウ）ぶた
牛（ニュウ）うし
羊（ヤン）ひつじ
馬（マア）うま

【家禽】

鴨子（ヤズ）　あひる

鴨蛋（ヤダン）　あひるの卵

鶏（ヂィ）　にわとり

鶏蛋（ヂィダン）　にわとりの卵

鵪鶉（アンチュン）　うずら

鵪鶉蛋（アンチュンダン）　うずらの卵

鴿子（ゴォズ）　はと

鴿蛋（ゴォダン）　はとの卵

鵝（オ）　がちょう

【野味】

鹿（ルウ）　しか

野猪（イエヂュウ）　いのしし

熊（ション）　くま

果子狸（グオズリィ）　はくびしん

兎（トウ）　うさぎ

蛇（シエ）　へび

山瑞（シャンロエイ）　丸すっぽん

田鶏（ティエヌヂィ）　かえる

野菜

【野菜類】

蘿蔔（ルオボォ）　だいこん

白菜（バイツァイ）　はくさい

蕪菁（ウチン）　かぶ

油菜（イウツァイ）　あぶら菜

芥菜（ジエツァイ）　からし菜

榨菜（ヂャアツァイ）　ザーサイ

葱（ツォン）　ねぎ

姜（ジャン）　しょうが

蒜（スワン）　にんにく

韮菜（ジォウツァイ）　にら

蕃茄・番茄（ファンチエ）　トマト
茄・茄子（チエ・チエズ）　なす
胡蘿蔔（フゥルオボォ）　にんじん
青椒（チンジャオ）　ピーマン
洋葱（ヤンツォン）　たまねぎ
牛蒡（ニュウバン）　ごぼう
蚕豆（ツァンドウ）　そら豆
生菜（ションツァイ）　レタス
菠菜（ポォツァイ）　ほうれんそう
水芹菜（ショエイチンツァイ）　せり
芹菜（チンツァイ）　セロリ
香芹菜（シャンチンツァイ）　パセリ
露筍（ルゥスン）　アスパラガス
蒓菜（チュンツァイ）　じゅんさい
蓮・荷（リエン・ホウ）　はす
竹筍・竹笋（ヂュウスゥン）　たけのこ

蓮藕（リエンオウ）　れんこん
山薬（シャンヤオ）　やまいも
芋（ユイ）　さといも
馬鈴薯（マァリンシュウ）　じゃがいも
甘藷・番藷（ガンシュウ・ファンシュウ）　さつまいも
慈姑（ズグゥ）　くわい
黄瓜（ホワンゴォワ）　きゅうり
冬瓜（ドンゴォワ）　とうがん
苦瓜（クゥゴォワ）　にがうり
糸瓜（スゴォワ）　へちま
南瓜（ナンゴォワ）　かぼちゃ
豆芽（ドウヤ）　もやし
豆苗・豌豆苗（ドウミヤオ・ワンドウミヤオ）　豆苗

【果物類・種実類】

橘・橘子（ジュイ・ジュイズ）

　たちばな　小型のみかん

柑（ガン）　大型のみかん

葡萄（プゥタオ）　ぶどう

蘋果（ピングオ）　りんご

草苺（ツァオメイ）　いちご

梨（リィ）　なし

桃（タオ）　もも

柿（シィ）　かき

梅（メイ）　うめ

桜桃（インタオ）　さくらんぼ

李（リィ）　すもも

杏（シン）　あんず

棗（ザオ）　なつめ

枇杷（ピィパア）　びわ

石榴（シィリュウ）　ざくろ

無花果（ウホワグオ）　いちじく

甜瓜（ティエンゴォワ）　まくわうり

西瓜（シィゴォワ）　すいか

番木瓜（ファンムゥゴォワ）　パパイヤ

杧果（マングオ）　マンゴー

檸檬（ニンモン）　レモン

榴蓮（リュウリエン）　ドリアン

鳳梨（フォンリィ）　パイナップル

香蕉（シャンジャオ）　バナナ

茘枝（リィヂィ）　ライチー

胡桃・合桃（フゥタオ・ホォタオ）

　くるみ

腰果（ヤオグオ）　カシューナッツ

銀杏・白果（インシン・パイグゥオ）

　ぎんなん

調味料

【調味料】

糖（タン）　砂糖

塩（イエン）　塩

醤（ヂャン）　味噌に類する発酵調味料

甜麺醤（ティエンミエンヂャン）

　小麦粉を原料とした、甘みのある黒味噌。北京ダックや回鍋肉に使われる

豆板醤（ドウバンヂャン）

　正式名　辣豆瓣醬。そらまめと唐辛子、酒精、塩を原料とした味噌。唐辛子の辛味が加わったものは、豆板辣醤

醤油（ヂャンイウ）　醤油

生抽（ションチョウ）

薄口醤油。色は薄く、塩分は多い

老抽（ラオチョウ）

濃口醤油。色は濃く、塩分は少ない

番茄醤（ファンチエンヂャン）

トマトケチャップ

蛋黄醤（ダンホワンヂャン）

マヨネーズ。生汁（ションジ）ともいう

XO醤（エックスオーヂャン）

店独自に作る高級ソース。乾貨の魚介類とスパイスの風味。香港で生まれたもの

豆豉（ドウチィ）

黒大豆を発酵させて干したもの。塩味と風味がある

醋（ツウ）　酢

香醋（シャンツウ）　黒酢

糟（ザオ）　酒かす

蠣油（ハオイウ）　オイスターソース

蝦油（シャイウ）　小海老の塩辛の上澄み

腐乳（フゥルゥ）

塩漬け豆腐の発酵品。醬豆腐（ジャンドウフゥ）ともいう。広東料理の叉焼の下味に使う他、おかゆに添えられることもある

蝦醬（シャージャン）

エビ味噌。小エビの塩漬けを発酵させたもので、空芯菜の炒め物等に使う

海醬（ハイヂャン）

シーソース。カニ、ホタテ、牡蠣を原料とした調味料

麻辣醬（マアラアヂャン）

大豆味噌、花椒、唐辛子を原料とした辛味調味料

沙茶醬（シャアチャアヂャン）

大豆油や干しエビ、ココナッツパウダーを原料とした調味料バーベキューソース。牛肉の炒めや鍋料理に用いられる

芝麻醬（チイマアヂャン）　練りごま

香糟（シャンザオ）

酒粕に五香粉を加えたもの

【香辛料】

辣椒（ラアジャオ）

唐辛子。さまざまな種類があるが、四川省の朝天辣椒が有名

花椒（ホワジャオ）

山椒。舌がしびれるような独特な辛味

八角（バアジャオ）

甘い香りを放つ中国独自の香辛料。肉料理によく使われる

桂皮（グェイピィ）
シナモン。八角同様、肉料理やデザートに使われる

丁子・丁香（ティンズ・ディンシャン）
クローブ。強く甘い香りがして、肉料理や酒の香りづけに使われる

陳皮（チンピィ）
みかんの皮を乾燥させたもの。特有の香りがあり、苦みがある

五香粉（ウーシャンフェン）
肉料理などに使われる。ういきょう、花椒、桂皮、丁子、八角、陳皮等の香辛料をブレンド

【油】

花生油（ホワションイウ）　ピーナッツ油

芝麻油（ヂィマァイウ）　ごま油

菜油（ツァイイウ）　菜種《なたね》油

奶油・黄油（ナイイウ・ホワンイウ）
バター

調理法

【切り方】

片（ピェン）　薄切り、平たい形

絲（スー）　細切り、せん切り

丁（ディン）
さいの目切り、さいころ切り

条（ティアオ）　拍子木切り、細長い棒状

塊（コワイ）
ぶつ切り、乱切り、大きい角切り

段（ドワン）
細いものをぶつ切りにした形

粒（リイ）
丁よりも小さい切り方によるもので、
米粒大
末（モオ）
粒よりも小さい切り方によるもので、
ごま粒大
扇子（シャンズ）　扇子の形　イチョウ形
象眼（シャンイエン）　菱形
花（ホワ）　みじん切り　飾り切り

【調理名】

●油を熱することによる調理

炒（チャオ）　炒める
爆（バオ）
鍋を熱々に焼き爆発音を発するような
高温で手早く炒める
煎（ジエン）
油をひいた鍋で両面を焼きつける
炸（ヂャア）　油で揚げる
鍋貼（グオティエ）
片面を油焼きして焼き目をつける
餃子は、その後蒸し焼き
煮（ヂュウ）
多量の湯やスープの中で煮る
焼（シャオ）
一度炒めたり揚げたりした材料に味を
ふくませるように煮る
焖（メン）　蓋をして弱火で煮ふくめる
扒（パア）　とろ火で煮込む
くずびきあんかけ
煨（ウェイ）
たね火ほどの弱火で長く煮込む
烹（ポン）

強火でさっと炒めたところに調味料を入れ一気に煮あげる

滷（ルウ）

香料やネギ、生姜等の入った濃いめの煮汁で煮しめる

醤（ヂャン）

味噌漬け、醤油漬けの場合と醤油味で辛く煮しめる場合がある

涮（ショワン）

しゃぶしゃぶ料理の煮えたぎった卓上鍋の湯で、薄切りの肉などを箸ですすぐように湯がく

●蒸気による料理

蒸（ヂョン）

蒸籠（せいろ）を使って蒸す

燉（ドゥン）

蓋付深鉢に材料とスープを入れ、蒸して火を通す

弱火で煮込む場合にこの文字を使う場合もある

●直火で焼く、または熱せられた気体による調理

烤（カオ）

直火であぶり焼く

オーブンでこんがり焼く

燻（シュン）

煙をこもらせた中でいぶし焼く

焗（ジュイ）

密閉した中で蒸し焼き、または蒸し煮

●加熱以外の調理法

溜（リュウ）

揚げた材料等に葛《くず》びきしたあんをから

める
蒸す・湯がく・煮るを経たあんかけもある

拌（バン）
合わせ調味料等で材料を和える
前菜等は、上にかける場合もある

熗（チヤン）
さっと火を通した材料に調味料を注いだり、合わせ調味料を煮立ててかけたりして、味をしみさせる和えもの

凍（ドン）
煮こごり状、ゼリー状に固めた寄せもの

醃（イエン）
塩・油・酒粕等に漬ける
醃菜は漬物

風干（フォンガン）　風干しにして乾かす

扣（コウ）
型詰め蒸し煮　ひっくり返す　かぶせる

第六章　美味しいお店の見つけ方

食事会

柏市の「知味斎」で展開した東西南北の中国料理を主とした食事会「知味のつどい」で二十年間、その後都内の日本料理やフランス料理、イタリア料理、インド料理等々のレストランでも展開した食事会「香饗乃集い」で二十五年間以上、食事会の企画を心がけてきました。会員の方達は食に高い見識をお持ちですので、皆様に喜んで頂けるよう、自分なりに研鑽《けんさん》しながらお店や料理を選んでまいりました。

その経験をお伝えする事で、美味しくて楽しい食事の参考になればと思います。個人的な食べ歩きとは少々違いますが、どなたかをご招待する場合や食事会をセッティングする場合には同様の気配りが求められるので、必要と思われる事をピックアップしてみてください。

店選び

私は一年がかりで、行きたい店や話題の店を書き記しておきます。会員の方達からご希望や噂を伺った時も、そのお店を書き記しておきます。

今はＳＮＳ等で料理の内容や口コミ等相当量の情報を入手できるようになり、ずいぶん楽になったと思います。しかしどなたかをご案内する場合に何よりも大切な情報収集は実際にその店に赴き、自分の舌で味わう事です。店の雰囲気やサービスのレベル、アクセス等を体感でチェックする事にも繋がります。

私は一人で行く事もありますが、身内や知り合いの方達を誘う事も多かったです。自分以外の人の評価を共有する事も大切だと思っているからです。

季節の味

春夏秋冬の旬の味を大切にする事は、食材本来の美味しさに繋がります。「この時季になると、これが食べたくなる」という日本人の季節感を満たす事でもあります。

最近は暑さや寒さが厳しくなり、春や秋を感じる期間が短くなってきましたので、四季の感覚が薄れてきました。こういう今だからこそ、中国の五季「春・夏・長夏・秋・冬」を取り入れて食材や料理を検討すると良いと思います。

作り手

食べたい料理は、可能な限りオーナーシェフか総料理長に作って頂きたいものです。

小さな店であれば問題ないでしょうが、大きな店でお願いする事は一見さんには難しいでしょう。そのためには、何度も通って顧客になっておかなければなりません。

簡単なことではありませんが、どなたかをご案内する際には、そのレベルを求められると思っています。

オーダーをする時や質問がある時には、支配人か店長だと思われる方とお話するようにしています。その対応やお人柄から、お店の本当の良さが分かる事も珍しくありません。これは相手に印象を残す事にもなります。

予約

今は便利で簡単な通信方法がたくさんありますが、アナログの私は必ず出向いてご挨拶をして、お願い事やテーマ等をお伝えし、日時、おおよその参加人数、料理代金、飲料の価格設定（別会計、ウェルカムドリンクのみ無料、フリードリンク等）、税込みか税抜きか等々を取り決めます。

急に食事会に来られなくなる方もいらっしゃいますので、キャンセルポリシー（予約がキャンセルとなった場合の店側のルール）を確認します。店側は急なキャンセルを心配しますので、丁寧な確認はお店の安心にも繋がります。

当然の事ながら、当日のキャンセルは全額支払いです。

ご案内

詳細が決まったら、日時・会費・キャンセルポリシー・店の情報等を文章化して、会員の方達へご案内状でお伝えします。店までのアクセス情報が不十分だと、初めての方がなかなか辿り着けなくて食事のスタートが遅くなる事も珍しくありません。最寄り駅の出口番号等、細やかな情報もお伝えする事が求められます。

時間厳守なので、五分以上待つ事はありません。皆様に長時間お待ち頂いたり、その結果終了時間が遅くなったりする事で、遅れていらした方が責任を感じてしまう事を避けるためでもあります。

事前確認

一週間位前に、当日作って頂くメニューをFAXやメール等で確認し、案内状でご紹介した内容がメニューに反映されているか、最終チェックをします。

席次

食事の美味しさは、料理だけではありません。どなたと食べるかも、大切な事です。お隣同士が一言も話せず、一卓の中で会話が広がる事もなく、気まずい空気のまま食事が終わってしまう事は、何よりも避けなければなりません。

そこで席次には大変気を遣います。

私の会はお一人で参加される方も多く、また数人のグループ参加の方も多くいらっしゃいます。グループの卓にお一人参加の方を組み入れない等、配慮すべき事は少なくないので、席のレイアウト表とは最後までにらめっこですが、楽しいひと時でもあります。

雰囲気づくり

食事中は、料理の出るスピードや食事の進み具合はもちろんの事、卓の雰囲気をチェックするために、店内を見て回ります。そこで様子を見て同席のお客様のご紹介をさせて頂く事も欠かせない気配りです。個人的な集まりでも、会話をリードしたり促したり等の配慮が大切です。

アフターフォロー

ご案内した店や食事を気に入ってくださり、「今度は個人的に行きたい」とおっしゃってくださる場合が珍しくありません。その時は喜んで予約係を承ります。

ご紹介を通じた予約は、お店側も安心して快くサービスしてくださいます。

私も「美味しかった」等のご報告を必ず頂くので、お店の事を確認できます。

お店とお客様とを紡ぐ事はお店と私自身の関係性を一層良いものにする事にも繋ります。

メニューの決め方

昨今はコロナ過を経てサービススタッフが激減したレストランが多く、料理等の説明が不十分な場合も考えられますので、個人的に食事に行く場合は「お手軽なコース」「本格的なコース」等、選びやすいコースメニューのご紹介が増えているように思います。お一人用のコースメニューもありますが、料理の内容は限られてしまいます。

特にお願いしたり質問したりしたい時は、前述のように支配人か店長クラスの方を呼んで頂くといいでしょう。

味を覚えるテクニック

どの料理も同様ですが、自分好みの料理がある場合、同じ料理を他の有名店でも食べ比べてみてください。どう違っていてどちらが好みなのか、自分なりに分析して記憶する事はとても大切です。

特に中国料理は、料理系統があり、四大料理の看板を挙げていれば地方色が分かります。同じ系統で同じ料理名の味の違いが、味付けにあるのか、調理方法にあるのか、色々食して、お店に質問してみるといいでしょう。同じ店でも同じ料理が日によって違った味で出てくる場合もあります。その理由も質問してみたいところです。

質問は「知らない事を知ろうとする、知的な作業」ですから、遠慮する必要はありません。知的探求心を楽しみながら、ご質問ください。料理店もそのようなお客様によって成長する場合が少なくありません。

アレルギー

予約時やコース料理が始まる前に、お店側が「アレルギー等は、ありますか」と聞いてくださるので、そこで自分のアレルギーや苦手な料理等を申告する事ができます。

しかし、自分では想像もしていなかった新たなアレルギー反応が起こる事もあります。経験値に頼らず、その日その時の体調の変化に丁寧に目を向ける事も大切です。

私は数年前、「過剰症」がある事が突然分かりました。蟹のビスク（甲羅等の風味を加えたカニスープ）を食した時に、喉が少々痒《かゆ》くなったのですぐ食べるのを止めて、これからは気をつけようと思いました。しかし多忙なある日、朝昼兼用の食事にレトルトの蟹のソースを絡めたパスタをうっかり食べてしまいました。一口食べて「危ない」と思ったのですが、みるみるうちに顔の中央が赤みを帯び、舌が少々痺《しび》れてきました。

常備していた皮膚の塗り薬と飲み薬のおかげで症状はすぐに落ち着きましたが、後日病院で血液検査をしたところ、蟹にアレルギーの擬陽性がある事が判明しました。

秋になると蟹宴が始まるので先生に薬を渡されましたが、連日上海蟹や他の蟹肉を食べても大丈夫でした。そこで確信した事が二つあります。

一つは、当日の朝初めて口にしたものが、アレルギーを引き起こす引き金になった事です。日々、朝一番に食するものには気をつけていたはずなのに、迂闊《うかつ》でした。

もう一つは「過剰症」です。自分なりの解釈ですが、私はかねてよりエビの殻や魚介の腸《わた》等が大好きでしたので、いつの間にか自分のキャパシティを超えてしまい、蟹の甲のエキスに過剰に反応してしまったようです。

皆様も、朝初めて口にする食事の内容と、ご自身の好物が引き起こす「過剰症」の可能性に、くれぐれもご留意ください。

海外ツアー

インターネットの広がりのおかげで、日本に居ながらにして、外国の美味しい店を探す事が格段に容易になりました。

とはいえ、日本のレストランと同様、行ってみなければ実際の味は分かりません。ツアーの場合、旅行代金の中に朝食代が占める割合は微々たるものです。美食ツアーでない限り、昼食や夕食の代金も交通費や宿泊費に比べると些少の場合が珍しくありません。

せっかく高額の旅費を出して遠方まで行くのですから、もしも食事のメニューが物足りないと感じたら、予《あらかじ》めその地で有名な料理店を探して、地域色豊かで美味しい食事を召し上がって頂きたいと思います。

私の旅のモットーは「旅の思い出は料理と共に」です。

素晴らしい料理こそが、素晴らしい景色や世界遺産と共に記憶に蘇《よみがえ》るものです。

第七章　中国料理のマナー

席次

中国人は、人をもてなす事をとても大切に考えています。食事は最大の団欒の場であり、社交の機会でもあります。昔は家庭でもてなしていたものですが、時代の変化で現代はレストランが利用されるようになりました。

何日も前からレストランと打ち合わせ、誠意や友情を示したいと気を配るのが中国人であり中国料理ですから、マナーが大切になります。

中でも重要なのが席次です。中国では昔から「天子（君子）南面す」と言い、主客は南向きに、次席はその左に配席されるのがしきたりでした。

部屋の構造あるいは円卓か角卓（方卓）かによってその通りにいかない場合もありますが、その時には入り口からもっとも遠い席が主賓席となります。

対面式と交互式

席次には対面式と交互式があります。

「対面式」とは字の如く、招く側と招かれる側とが向かい合って座る方式で、主客の正

■対面式と交互式

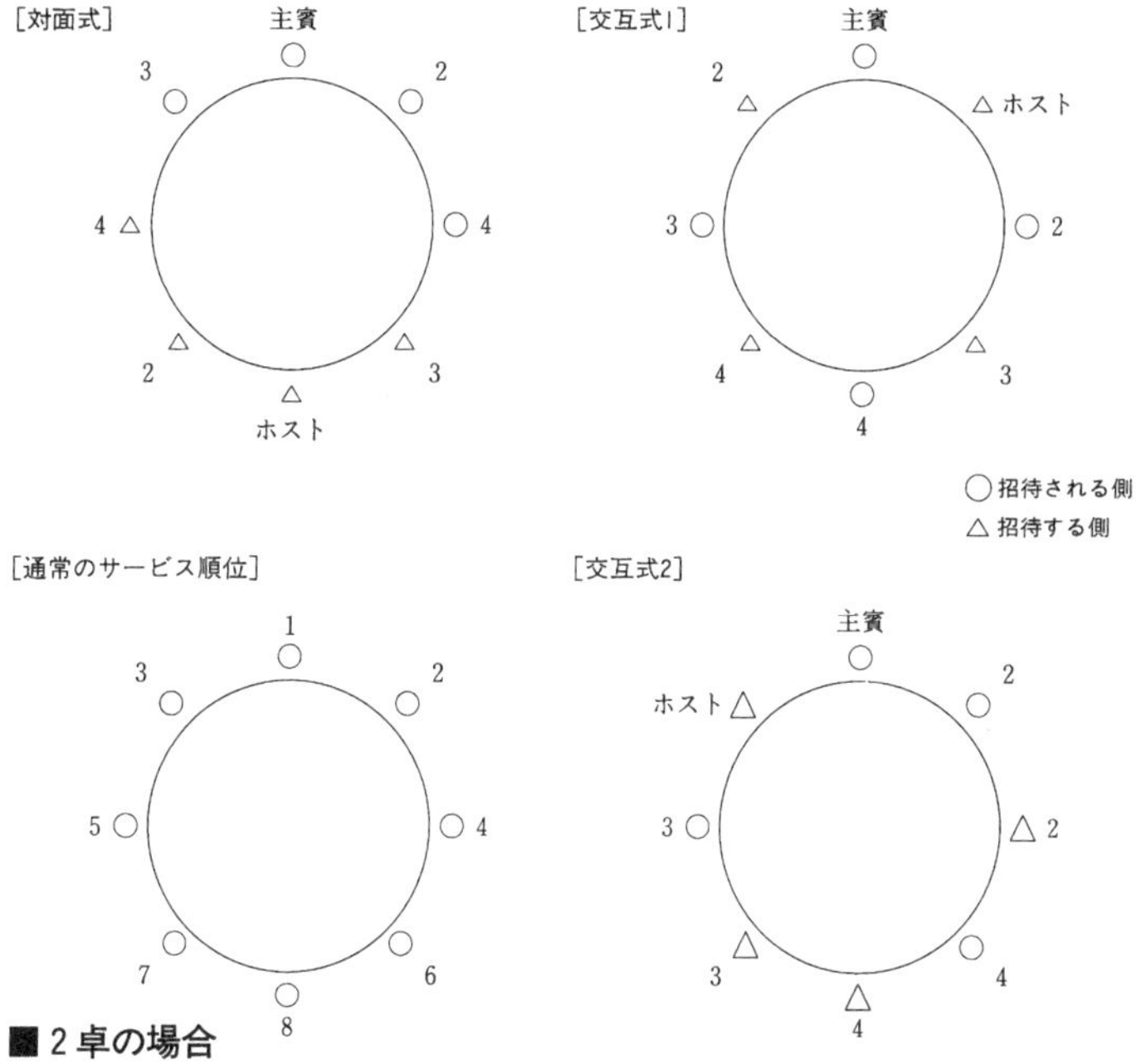

■2卓の場合

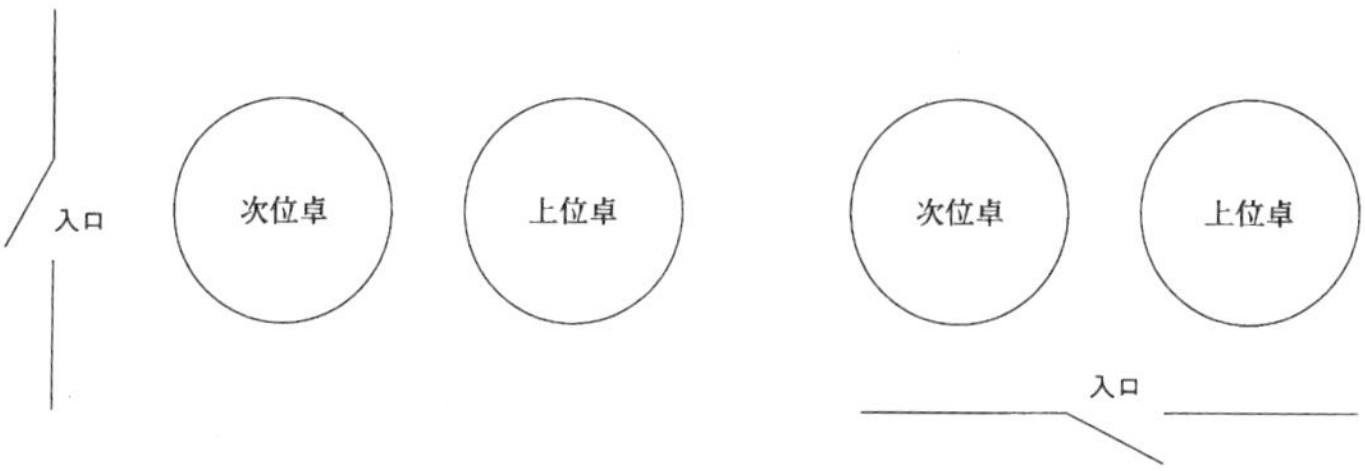

面にホストが配席されます。また招く側招かれる側共に、それぞれ左隣には二番目にメインの人が、右隣には三番目にメインの人が座ります。以下同様です。

現在主流となっているのは「交互式」で、招く側と招かれる側とが交互に座る方式です。一卓の場合、主客の左隣にメインのホストが、右隣に二番目にメインのホストが座ります。また、ホストの左隣には主客に続くメインの人が座り以下同様です。

二卓以上の場合は、一卓だけに主要メンバーが固まらないよう、第二テーブルの主客席には主客に続くメインの人が座り、後も同様にするのが一般的です。また二卓以上の場合は入口から遠いほど上位卓になり、もしその間に入口がある場合は向かって右側が上位席、左側が下位席になります。

偶数が好まれる席数

日本の祝いの席等では「割れる」事から偶数は敬遠されます。

しかし中国は反対で、奇数より偶数を好みます。

「八仙卓子」と言って、どの場合でも一卓を八人で囲む事を基本としています。

しかし奇数が絶対ダメだと言うわけではありません。

九は数字の中で一番大きいので尊ばれていますので、例えば九人でも予算的に二卓にできない時は、融通をきかせて一卓だけにしたりします。

ア・ラ・カルトで注文する時

本文ではコース料理の流れに沿って料理を紹介していますが、一品ずつオーダーする事も珍しくありません。中国料理のア・ラ・カルトは小・中・大で表されます。小は二〜三人前、中は四〜五人前、大は七〜八人前です。

ア・ラ・カルトで注文する時は、素材、調理法、味、色が重ならないように留意します。素材では、野菜料理ばかりや肉料理ばかりではいけません。例えば前菜が鶏肉料理なら、メインは牛肉や豚肉、魚介等の料理にします。

調理法では、揚げ物、蒸し物、炒め物等、異なる調理方法の料理を組み合わせます。味でも、たとえ異なる調理法であっても、二品とも醤油を使ったものにするのではなく、一品が醤油で味付けしたものであれば、一品は塩で味付けしたものにします。

宴席のコースのメニューは料理長が作りますが、一皿に多くの色を入れる事は滅多にありません。一皿ずつ色が全く変わるようにして、白色の料理の次は緑色、次は黒と言うように、料理長は考えなければなりません。一皿に色がたくさんあると、次々に出てくる料理の見栄えがしなくなるというのが、大皿料理の基本だからです。ただし、四色素燴のよ

うに四色彩り指定の料理もあります

個人でア・ラ・カルトを選ぶ時はそこまで厳密に考えなくてもいいと思いますが、一応基本を知っておくとよいでしょう。

飲茶は組み合わせて取る

飲茶は、発祥元の香港が主流ですが、中国本土や東南アジアでもよく出ます。点心類を入れて価格を抑える簡単なコースメニューが流行した事もあります。

飲茶で出される小吃や点心、麵、飯、粥等は、数十種類もあります。それらがワゴンに載せられて客席の間を回り、お客様は好きなだけ取って食べるのですが、目の前を通るとどれも食べたくなります。できるだけ種類が重ならないようにいろいろ組み合わせて取るのが賢い頂き方です。

飲茶に欠かせないのが中国茶です。点心類や麵には油っこいものが多く、中国茶が胃壁についた油を除去する役目をします。ジャスミン茶、普洱茶、烏龍茶が飲茶の際の定番ですが、薬効がいろいろありますので、自分に合ったお茶をお召し上がりください。香港の年配の方は、白茶をよく召し上がります。

テーブルマナー

主賓が箸をつけるまで、他の人は待つのがマナーです。親しい間柄の宴席であっても、一番年上の方が箸をつけるまで待つ心遣いが大切です。

箸は、日本では横向きに置きますが、中国では右側に縦向きに置きます。

スプーンやナイフがある場合は、右側においたカトラリーレストに箸と一緒に置きます。

「乾杯《カンペイ》」と「随意《ソエイイ》」

中国でも会食は「乾杯《カンペイ》！」から始まります。

日本では乾杯は最初の一回だけですが、中国では何度も行われます。昔は料理が出るたびに主人が口を拭《ぬぐ》う事から、乾杯の機会にしたようです。

ホストが挨拶をして「では、乾杯しましょう」と呼びかけ、行います。二度目からは着席のままでかまいません。

お酒を飲み干したら、その証《あかし》として同席者へグラスを少し傾けて底を見せます。心から許し合える友人同士である事を示すためです。

飲めない人はどうなるのだろうと心配になりますが、大丈夫です。

乾杯時は口元に近づけるだけでかまいません。注がれそうになったらグラスの上を軽く手で覆《おお》い「随意《ソエイイ》」と言えば「注がなくて結構です」という意思表示になります。

また器にお酒が残っている状態であれば、それは「それ以上は注がないでください」という意味になります。

乾杯はあくまでも料理を美味しく味わい、親睦や友情を深めるための心得ですので、堅苦しく考えなくても大丈夫です。

ターンテーブル

中国発祥のように思われがちですが、当時の「目黒雅叙園」（現ホテル雅叙園東京）の創業者である細川力蔵氏によって昭和初期に作られたと言われます。

中国料理は「集餐」様式をとる事が一般的なので、料理を取りやすくするためにターンテーブルが発明されたようです。

ターンテーブルは、時計の針と同じ右回りが基本です。ターンテーブルを回す時は、他に回している人がいないか、必ず確認します。

取りたい料理や調味料が自分の前を少しだけ過ぎたくらいなら、戻しても許されます。ただし隣の人に「ちょっと失礼します」と断る心配りは、忘れないようにしましょう。ターンテーブルの場合も、手をつけるのは主賓が先です。主賓に最初に料理が行くようにターンテーブルを回し、そのあと同席の人達が回して取るのがマナーです。

主賓も、一言「お先に失礼します」と断る気配りは、大切です。

ちなみにターンテーブルに載せていいのは料理と調味料だけです。酒類、グラス、下げ物等を載せるのはマナー違反ですので、ご留意ください。

サーバーの使い方

最近の殆どの宴席では、サービススタッフが料理を取り分けてくれるようになりました。しかし個人で取り分ける場合は、大皿に取り箸や大きめのフォークとスプーンが添えられています。

料理が自分の前に来たら取り皿を近づけ、サーバーを使って大皿から料理を移します。サーバーは本来片手で扱いますが、難しいと思う場合は両手を使ってもかまいません。

取り終えたらサーバーを大皿に戻しますが、皿の奥深くに置くようにします。浅く置くと、サーバーが皿から落ちたり、回転中にサーバーの柄がテーブル上のグラスやボトルにひっかかって、それらを倒したりする恐れがあるからです。

また、サーバーが仰向けだと置きっ放しの印象を与えるので、伏せて置きます。

皿は持たない

中国料理では、皿を持ち上げて食べるのはマナー違反とされます。手に持っていいのは箸とレンゲだけで、皿や碗はすべてテーブルに置いたままです。

新しい料理が来る度に、必ず皿を取り換えます。

レンゲ

皿や碗はテーブルに置いたままなので、箸以外にレンゲも多用されます。

中国料理ではとろみをつけた料理やふわふわした仕上がりの料理、細く刻んだ料理等々、レンゲを使わないと食べにくい場合がたくさんあるので、とても便利なツールです。

未使用であれば、細かい前菜等を取り分ける時にも活用できます。


小籠包を食べる時は、レンゲを使うのがマナーです。小籠包はスープが熱くて口をやけどしたり、スープが一気に外にこぼれ出したりしますので、ご注意ください。

小籠包をレンゲに載せる時は、サイドではなくヘッドの部分を箸でつまむと破れずにすみます。レンゲに載せたら、上部を軽く噛んで先にスープを吸います。続いてタレをかけて、中の包子を頂きます。

レンゲからスープがこぼれる時のために、レンゲの下に皿もしくは碗を用意しておくのも、マナーと心得てください。

小籠包に限らず、箸とレンゲを両手で同時に持つのは少々美しくない所作となりますので、ご留意くださるといいでしょう。

お茶のポット

ポットや酒の注ぎ口は、人に向けないようにするのがマナーです。人に向けると「口と口が合って口喧嘩になる」と思われたり、「暗殺者を指名する」ように思われたりすることから、昔から禁忌（タブー）でした。

お茶のポットは、テーブルの上に置かれます。

中身がなくなったらポットの蓋を裏返しておくのが、スタッフに知らせる合図です。

ハンドサイン

会話中や口の中に食べ物が入っているタイミングで、サービススタッフが取り分けた料理を出してくれたりお茶やお酒を注いでくれたりした時は、軽くこぶしを作り、二本の指で三回テーブルを軽くノックすると「ありがとう」の意味になります。

中国には跪礼《きれい》という両膝を折って敬意を表する作法があり、このハンドサインは手指を跪礼に見立てた仕草です。

最近は指一本やノック二回で行う人を見かける事がありますが、正しくは指二本ノック三回です。

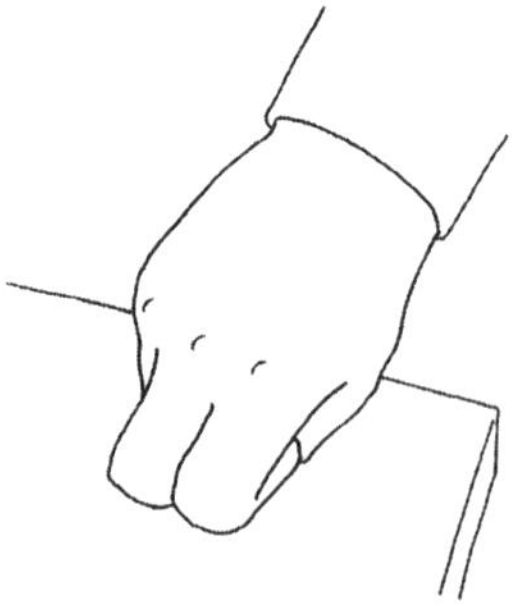

第八章　これまでとこれから

遠山　瀧先生は日本中国料理協会サービス技能支部で、いつも奥行きのあるお話をしてくださいますが、その源《みなもと》が豊かな知識と経験である事がこの本をお手伝いする過程で改めて分かりました。先生は女子栄養短期大学で栄養学を学ばれていらしたんですね。

瀧　はい、卒業後は栄養士として五年勤め、その後食事会等の企画をしながら中国料理の料理教室の講師や女子短大の非常勤講師等を務め、その後独立しました。

遠山　今は中国料理食材辞典の監修もなさるなど中国料理の第一人者ですが、中国料理を極めようと思われたきっかけを教えてください。

瀧　私はフランス料理が大好きだったのですが、それに勝るとも劣らない中国料理の美味しさ奥深さとサービスの素晴らしさに、香港の満漢全席や中国の旅で触れた事が大きな転機となりました。

サービス

遠山　中国料理と言えば、大皿料理をみんなで取り分ける「集餐」が多いですね。

瀧　実はかなり昔の中国では、筵《むしろ》に座って小皿料理を食する事がスタンダードでした。唐代後期頃から高い椅子と卓を使う等、生活様式が変わってきたことで、長時間での会食が可能になったり、大皿料理が出るようになったりして、時代と共に徐々に集餐が宴席でのスタンダードになっていったようです。しかしコロナ禍以前に、揚州で昔の塩の豪商の料理が復活したという事で出かけてみましたが、昼晩全て分餐でした。

遠山　十年程前に北京のホテルの総支配人に招待された食事会はお茶と果子碟《グウオズディエ》から始まる正式な宴席でしたが、料理のサービスはフランス料理のようなスタイルで、総支配人は「これからは分餐を中心にやりたい」とおっしゃっていました。

分餐は、より上質のサービスが求められます。しかし「中国ではおもてなしという概念がなかなか理解されない」「日本のような丁寧なサービスを教え込むことが従業員教育でもっとも大変だ」と、日本から中国に進出したホテルの社長から伺った事があります。にも関わらず、中国で分餐スタイルが再び広まったのはどうしてでしょうか。

瀧　香港で始まった「ヌーベルシノア」の影響が大きいでしょうね。

フランスでは一九七〇年代に一人一人の皿の上で料理を美しく盛りつけて提供する「ヌーベル・キュイジーヌ」という分餐が広がっていきました。当時イギリス領だった香港でもヌーベル・キュイジーヌが流行り、それが香港の中国料理にも影響して同じような料理の盛りつけやサービススタイルの「ヌーベルシノア」が広がっていったようです。

中国本土でも、広大な人民大会堂の国宴では早くから分餐方式を実行していたようです。

ただ私が五十年程前に最初に体験した満漢全席は香港での集餐でしたが、そのサービスも気配りや所作がとても素晴らしかったです。

遠山　香港の満漢全席だったから、サービスが素晴らしかったのでしょうか。

瀧　満漢全席ほど格式が高い宴席では、サービスも重視されていたからだと思います。またサービスをする方の資質もあるような気がします。その時のサービススタッフは、中国服を着こなした良家の奥様という雰囲気でした。家にご招待した経験や接待を受けた経験があったのではないでしょうか。サービスを受け慣れていて、サービスが何かを知っていて、その料理を実際に食べている事が伝わりましたから。

遠山　サービスの経験値が高いという点では、ベルサイユ時代のメートル・ドテルを貴族の次男三男が務めていたのとよく似ていますね。中国に長年通われていて、もちろん場所によっても違うと思いますが、サービスは向上したように思われますか。

瀧　やはりホテルの中のレストランは、安定したサービスを提供してくれます。

遠山　中国のホテルは外国だとよく言われていました。外国の人は入れるけれど中国の一般の人は入れないので別世界だと。だからこそ、世界レベルのサービスが可能だったのですね。老舗の有名店はいかがですか。

瀧　料理は素晴らしいのですが、サービスの質はホテルのレストランの方がいいかもしれません。実は個人経営の大きな有名店は、最近は国に知られないように密《ひそ》やかにやっている店が多いんです。大きな看板がキラキラ輝いているなんて事はなくて、暗い家に案内されて入ってみたら中はすごく立派な造りで驚きました。特一級の居師傅に教えてもらわないと分からないような、知る人ぞ知るお店なんです。

遠山　日本の中国料理店のサービスはどこも素晴らしいですね。集餐では北京ダックや姿造りのお刺身等を美しく手際良くサービスしてくださいますし、分餐ではまさにフランス料理のような美しい所作でサービスしてくださいます。

日本中国料理協会（日中協）サービス技能支部の方達も、とても勉強熱心ですよね。

瀧　皆さん本当に熱心です。事務局の千葉和正さん（T・Sサービス社長）がとても熱心な方で「若いサービススタッフに食事会を通じて学ばせたい！」とのご要望で、三國シェフの「オテルドゥミクニ」鉄人坂井シェフの「ラ・ロシェル」恵比寿の「ジョエルロブション」道場先生の「懐食みちば」村田大将の「菊乃井」等々、中国料理の枠を超えて名店で、研修を兼ねた食事会を開催して料理やサービスを幅広く学んでいます。

遠山　日本では早くから分餐を取り入れている中国料理店があったように記憶しています。四十年前には既に青山の「ダイニズテーブル」で、フランスのフルコースのような一人ずつの料理とサービスでした。

瀧　「トゥーランドット」もそうですね。脇屋さんは、石鍋シェフの提案する食器に料理を載せてお出しした事で新たな料理の世界に繋がったと思います。

三笠会館では、日本料理店の和食器がたくさんあったので、コロナ過に私が開催する食事会ではそれを活用して「秦淮春」での中国料理を分餐で出してもらったりもしました。コロナ禍の前に揚州の塩の豪商の料理のサービスが分餐に変化していた事を確認できたからこそできた提案でした。外崎師傅は南京・揚州合わせて七年も研鑽を積まれていましたので、素敵な料理を和皿で次々と出してくださいました。

遠山　中国でも日本でも集餐と分餐の二つのスタイルが並び立っていますが、これからはどうなっていくでしょうか。

瀧　コロナ禍の時には一般的に、一人ずつがいいんじゃないの、という雰囲気がありましたし、カジュアルな料理にもなっていました。しかし今でも私の会の皆様には豪華な「酒席菜」の大皿料理が大人気です。分餐は、どこの国の料理かだんだん分からなくなってきたように思います。また大皿料理こそが中国料理をあらゆる意味で高めてきた事を考えると、集餐をこれからも大切にしてほしいと思います。

ドリンク

遠山　中国のレストランでのドリンクが、ずいぶん良くなったと感じます。

瀧　以前は、冷えていないビールが当たり前のように出ていましたからね。老酒が出てくる事も殆どありませんでした。お酒というと白酒が主流で、私はそれをリキュールグラスに少し入れて飲んでいました。

遠山　白酒は、アルコール度数が五十度以上もあって、強烈に強いですよね。

瀧　それで、アルコール度数を半減させた白酒も出回りました。白酒は乾杯で最初に飲むお酒だと思われている方が少なくありませんが、白酒を空きっ腹に飲んでは大変な事になります。中国料理の宴席では乾杯の機会は何度もあり、白酒は前菜等でしっかりお腹を満たした後から飲みます。それまでは香港などでは白ワインやブランデーの水割り等を頂きます。ある時期から、中国の晩餐会でもワインを飲む方が多くなりました。

遠山　昔上海に行った時に、赤ワインは氷を入れた甘いポートワインでびっくりしました。それから何年か経ったら、中国の多くのレストランでちゃんとした赤ワインが出てきました。今は日本の中国料理店で中国産のワインが出回るようにもなってきました。

瀧　確かに以前の中国ではポートワインでしたね。ワインは山東省で多少作っていました。今はワインにかなり目覚めてきたと思います。中国産ワインもずいぶん美味しくなりましたし、各国のワインも輸入しています。

遠山　日本の中国料理店ではワインの売り上げがかなり高くなり、多くの高級料理店にソムリエやワインに詳しいスタッフがいるようになりました。フランス料理では料理とワインを組み合わせるマリアージュを大切にしていて、今は日本料理もそうですね。

満漢全席のようなメニューの場合でも、飲み物とのコラボレーションは意識されているんでしょうか。

瀧　高級宴席に出るお酒は、以前は白酒や黄酒がメインでしたが、現在は満漢全席のような宴はなくなりました。

今の宴席の主流は、老酒です。ワインも多くなりました。

食事に合わせるドリンクも、サービス同様にずいぶん西洋化されています。

遠山　中国料理は、料理だけでなくサービスやドリンクなど、更に進化していくようで、楽しみです。

感謝を込めて

本を書き進めていくことは、「いかに多くの皆様方に教え導いていただいていたのか」を再認識する機会でもありました。本当に感謝の気持ちでいっぱいです。

知味斎老板と「知味のつどい」

中国料理一筋と覚悟を決めた時、中国料理は私にとって高値の花でした。

フランス料理であれば一人で食べ歩きができますが、中国料理は宴席つまり円卓を作らなければ美味しい料理を食べられませんでした。円卓を作るためには、五、六人から十人ほど知り合いや友人を集めなければなりません。東京都内のお店を下見して、皆様にお声がけをして、食べ歩きをしたものです。

そんな頃、恩師から「台北から招聘した料理人が湖南料理を作るので食べに行かないか」というお誘いがありました。「知味斎」の今は亡き老板のご招待でしたが、興味津々でしたので有り難くご馳走になる事にしました。日本ではあまり出会えない湖南料理は、その時は淡白な味付けで、とても美味しくて気に入りました。

その後知人が武蔵野のタケノコをたくさん送ってくれましたので、ご招待のお礼を兼ねて、そのタケノコをお店に送り、「タケノコのフルコース料理」のメニューを料理長にお願いし、一卓作り、再訪する事にしました。

老板がこの企画をとても気に入ってくださり「このようなフルコースで、皆様をお誘いしたい」「これからも、このような食事会を店で開催したい」というご相談を頂きました。

当時は東京のみならず埼玉県でも中国料理の講師をしておりまだ新人でもありましたが「一人でも参加できる中国料理の本格的なフルコースの宴を創る！」という熱い思いを持っていましたので、企画室を用意して頂き「知味のつどい」という会員制の食事会を立ち上げる運びとなりました。中国料理に熱い思いを持ち、中国野菜の拡大にまで尽力された老板には、私の可能性を伸ばして頂きました。

私は若気の至りで多方面に配慮する事もできずどんどん事を進めてしまっていましたが、桐生照夫料理長はいつもにこやかに応じてくださりその懐の深さにいつも助けられました。

お茶の水女子大学中国文学の中山時子教授には、多々ご指導頂きました。日本の食文化特に江戸料理研究会等で中心的な立場でいらした（故）平田満里遠先生や当時文藝春秋で料理評論をなさっていた（故）薄井恭一先生にもご教授頂きました。錚々《そうそう》たる皆様をお誘いする「知味のつどい」は、私の知見を得るかけがえのない機会にもなっていきました。

現在の「香饗乃集い」は、この発展形です。

中国野菜を通してご縁を頂いた有限会社 中国野菜木村商店の（故）木村重昭社長には、会社の顧問として料理開発やプロモーションの企画等に専念するきっかけを頂きました。

●ホテル総料理長

ホテルの顔と言えばフランス料理で、総料理長も当然のようにフランス料理シェフという認識を多くの方がお持ちかもしれません。しかし数十年前から、中国料理人が総料理長を務めている場合が珍しくなくなりました。

かつてはフランス料理で有名だった高輪プリンスホテルも潘継祖大師傅が総料理長になられ、公益社団法人日本中国料理協会（日中協）の会長にも就任されました。その後ホテルオークラ「桃花林」の梁樹能大師傅が総料理長や日中協会長になられました。他にも横浜ロイヤルパークホテル「皇苑」総料理長の(故)鄭恵淋大師傅、ANAインターコンチネンタルホテル東京「花梨」総料理長の麦燦文大師傅等、多くの方がホテルの顔でした。新宿では、京王プラザホテル「南園」の李国超師傅が、香港から有名シェフが入れ替わり訪日する時代から料理長、そして総料理長を務めていらっしゃいました。ハイアットリージェンシー東京「翡翠宮」の総料理長(故)山岡洋大師傅は、薬膳の会等新しい宴会を広げ「満漢全席」等の大宴会を開催して話題になりました。鉄人坂井シェフとバトルした関係性もあり坂井シェフと山岡大師傅お二人の会員還暦祝いの企画は、当時鉄人達人の方々にフルコースの一皿ずつを受け持って頂くというあらゆる意味で豪華なもので、数百名の大宴会となりました。

そこには、山岡大師傅の片腕だった永沼勝之料理長の存在も大きかったと思います。以前「中国茶の最高峰　武夷山に岩茶を求めての旅」というテーマのツアーで「烏龍茶の茶宴」がありました。そこで日本では種類を六大茶に広げて「茶宴」を企画したところ、当時料理長だった永沼シェフは見事に期待に応えてくださいました。その後はホテルの顔として総料理長の責務を果たされた事でしょう。

●居長龍大師傅と三笠会館谷善樹社長（当時）

初めて来日した中国展の団長が、淮揚料理の居大師傅でした。

その半年後、揚州への旅で揚州料理を食べるために談判したのが、初めての出会いです。その料理は、知味斎の老板がすぐに招聘した位、素晴らしいメニューの宴でした。

店を一年半でお辞めになった後、それでも日本で仕事がしたくて九州や名古屋等を経て、私が再会した時はランチが売りの店の料理長になっていました。しかしせっかく素晴らしいディナーを作る腕をお持ちなので、当時リーセントパークホテルの総料理長だった脇屋師傅にご協力頂き、揚州料理の宴席を開いて頂きました。その料理が認められ、三笠会館「秦淮春」総料理長となり、二十数年間無事務めあげられました。

居大師傅を料理長に迎えて、店名も変更してくださった谷善樹社長（当時）には、心からお礼申し上げます。

居大師傅は現在、中国のマンションで若い料理人の育成や料理本の出版に勤しみ、時々ご家族のいらっしゃる日本に帰っていらした折には、私も谷様と共にランチをご一緒したりします。

現在中国国家より無形文化財継承人として認められている事は、喜ばしい限りです。

●りんくんび氏

「食と職をおいしく食べる法」を上梓なさっているりんくんび氏は、中国料理界では珍しく福建省の華僑ご出身です。テレビ等で中国料理講師を歴任し、福建海鮮料理人として鉄人にも出演されました。今は鎌倉で精進料理の店「凛林」をプロデュースする傍ら、全国で食の楽しさや大切さを伝えていらっしゃいます。絵と字がとてもお上手で、宝船の中に「香饗乃集い」の字の入った旗を書き添えてくださった絵はあまりに素晴らしく、会の年賀はがきにさせて頂いたほどです。

●二宮健総料理長

料理教室講師時代、学校が西武新宿線の所沢でしたので新宿は生徒さんにとって最高の場所でした。そこで私は中国料理の美味しい店として「新宿中村屋」を紹介したものです。

当時は民族レストランとして、ロシア・インド・中国・フランス各料理を作るシェフがいて、当時総料理長だった二宮氏とは初めての中国旅行でご一緒させて頂きました。

中国の東北・遼寧省大連のご出身で中国料理に精通されていましたが、レストランではインドカリーの顔でした。当初から私の会の会員になってくださり、民族料理の会を開催したり、インドの旅にご一緒させて頂いたりしました。昭和の終わりから「円卓のつどい」を中村屋の中国料理の定期イベントとして発足し、中村屋の新築工事が始まる迄、二十五年の長きに渡りご一緒させて頂いた老盟友です。

今も、お仕事に従事されていらっしゃいます。

●三國清三シェフ

四十数年前、「知味のつどい」の会員の方に御茶ノ水にあるフランス料理店「魚座《さかなざ》」へご案内頂いた時に出会った、痩《や》せて気骨がありそうな青年が、三國シェフでした。

その後当時フランス料理で使われ始めたアーティチョークやトリュフ等を扱うエクサンプロヴァンスという会社の方にご案内頂いた四谷の「オテルドゥミクニ」で、三國シェフと再会しました。緑の木々に囲まれた閑静なレストランは女性群が料理研究会等をよく開催していて、私もそこに参加したり、「香饗乃集い」の食事会を企画したりと、ご縁が深まっていきました。

一番の思い出は、師や友人である「グランシェフの方々に捧げるオマージュ」と題した開店二十五周年及び「香饗乃集い」第八十回記念の会で供されたメニューです。ジョエルロブションの先生と言われるジャンドラヴィエータ氏のトリュフ入りデザートもありました。また帝国ホテルの村上信夫総料理長の座右の銘「温故知新」こそ料理人生の生涯の目標と、おっしゃっていました。

二〇二三年十二月に「香饗乃集い」の食事会をお願いする予定でしたが、お体の調子がいまひとつのようで、また新店は宴会ができそうもなく残念です。上海に店を出したいという話は幻となりましたが、どのようなお店がオープンするのか今からとても楽しみです。

●石鍋裕シェフ　山本豊師傅

フランス料理の石鍋裕シェフと、当時知見斎にいらした山本豊師傅はお名前が共にユタカという事で、「知味争艶」というテーマでそれぞれの店で宴を催して食べ比べて頂く事にしました。朝取り夏野菜と海鮮を使った料理です。

たまには中国料理以外の料理を、そしてたまには都内の有名シェフの店を皆様にご案内したかったという思いもありました。私的には、フランス料理が大好きなので、石鍋シェフにも中国料理を好きになって頂きたいという願いもありました。

食事会の名称が「香饗乃集い」と変わり、開催場所が都内中心になってからは「クイーンアリス」で幾度となく「中国野菜を用いたフランス料理の宴」等を開催させて頂きました。山本豊師傅が後に出店された吉祥寺「知味・竹爐山房」でも、食事会をさせて頂きました。今は閉店され、とても残念です。

●中村勝宏シェフ

ホテルエドモンド飯田橋の名誉総料理長中村シェフには、「トリュフの会」でお世話になりました。トリュフと言えば、フランス料理では季節の食材です。三十数年前にイタリア料理が流行してきた頃には、フランスペリゴール地方産の黒トリュフに加え、イタリアピエモンテ産の白トリュフが出回りましたが、日本産松茸に匹敵するほど高価でした。

しかしそれをフルコースに仕立ててホテルの「フォーグレイン」でご紹介なさったので、食事会や小グループの会食で毎年出かけておりました。

当時はホテルやレストランでのいろいろなパーティーが流行していましたが、中村シェフの立食パーティーでの料理内容が実に素晴らしく、勉強方々よく参加したものです。

その後北海道ウインザーホテルの料理長になられた時にツアーの計画が実行できなかったことが、心残りです。

●坂井宏行シェフ

「料理の鉄人」は、和洋中問わず若い料理人が目指す灯台のような存在だった事でしょう。その最強鉄人を決めるファイナルバトルは、坂井宏行シェフとピエール・ガニエールシェフとの対決で、坂井シェフが晴れて最強鉄人となられました。

坂井シェフも中国がお好きで、会員にもなって頂き、中国ツアーにも奥様と仲良く参加してくださいました。お酒をお飲みにならないので大変な大食漢で、中国料理にはぴったりです。

当初中国料理中心だった私を、再びフランス料理や他の料理に近づけてくださった方でもあります。当時「レストランのぶ」等アメリカ育ちの寿司レストランや、恵比寿の「ロブション」をはじめフランス料理の名店等に奥様と共にお連れくださり、皆様にご紹介もしてくださったので、私の食の世界が一気に広がりました。「ラ・ロシェル」の渋谷店等々で食事会を催すようにもなり、キャピトルタワートウキョウ山王店では、坂井シェフの出発点である西洋膳所「ジョン・カナヤ」の懐かしい料理の宴をお願いしました。

●ピエール・ガニエールシェフ

最強鉄人ファイナリストのピエール・ガニエールさんと出会った時は、三十代くらいの痩せた金髪の貴公子という雰囲気でした。中村屋のフランス料理の顧問をされていて、中国料理が食べたいという事で、田村町の「翠園」にご案内しました。

メニュー選びは、流石でした。「大良炒鮮奶《タアリャンチァオシェンナイ》（蟹肉入り卵白のミルク炒め）」は繊細な調理が求められます。「蜂巣香芋角《ホンチャオシアンユイジャオ》（広東風タロイモのコロッケ）」は当時流行の点心で、表面をサクサクとした蜂の巣状にするには相当な技術が必要です。

ガニエール氏が「調理しているところを見せてほしい」と、突然厨房に入りました。当時は見せる事も撮影させる事もない時代ですから、王師傅は緊張してミルク炒めを少々焦がしてしまいました。そんな天真爛漫《てんしんらんまん》なガニエール氏が三十年後に鉄人対決に登場するとは、その時は想像もできませんでした。

●熊谷喜八シェフ

無国籍料理レストラン「キハチ」の看板を青山墓地の近くで揚げて一世を風靡《ふうび》した熊谷喜八シェフは、その後も神宮前イチョウ並木の入り口角に「セラン」を出店なさいました。料理やデザートの数々を惜しげもなくレシピとして公開した著書はどれも素晴らしい教本です。また中国料理を勉強された実績もあり、キハチチャイナの大きな広がりを千駄ヶ谷と銀座で果たされ、中国料理界に新風を巻き起こしました、

いくつかのお店で食事会を開催しましたが、特に印象的だったのは「シルクロード」をテーマにした回です。丁度ＮＨＫでシルクロードの旅が放映されていて、私達も「求味の旅」十回記念でシルクロードに行ってきました。屏風のような火焔山を左に一日中バスで走り続けても変わらない風景や、まさかのバスの故障で通りかかった軍隊に運んでもらった事など印象深い旅でしたが、食べ物は圧倒的に羊でした。

そこで熊谷シェフには「東西の交わるところシルクロード」というテーマで、大きな羊

の半割を大きなオーブンで二度焼きして頂き、一頭分の見事な仕上がりの料理を供して頂きました。モタベリー土谷遥子先生による「アフガニスタン」に関するお話と共に、本当に素晴らしい会となりました。

●料理の鉄人　道場六三郎先生

和の達人は、皆様中国料理をよくご存じです。

銀座「ろくさん亭」に伺ったのは、「和食なのに、フカヒレのお椀を出しているんだよ」と教えてくださった（故）周富徳師傅のご紹介でした。

ホテルオークラの（故）剣持シェフと道場先生は大の仲良しでいらして、剣持シェフは「知味のつどい」にも来て頂いていたので、その後はお二人で参加してくださるようになりました。道場先生はデパートの催事にも特別出演してくださいました。

「懐食みちば」がオープンした際には、中国野菜をいろいろお持ちして和食での広がりを紹介して頂きました。そのご縁で食事会の開催も始まりました。もちろんその時は常に剣持シェフもご参加くださいました。

脇屋師傅による「一笑美茶楼・月見の宴（香饗乃集い）」に故郷のお仲間を一卓ご招待され、庭のかまどで焼かれた烤羊肉を楽しんで頂きました。先生の郷土愛は、本当に深いと感じます。ツアーで中山温泉を企画した折にも、加賀料理店等のご相談を致しましたらすぐに小旅行の素晴らしい旅程を仕立ててくださり、そのうえ「僕も一緒に行く！」と、同行してくださいました。おかげさまで忘れられない旅となりました。

つきぢ「田村」

初代の田村平治先生は「知味のつどい」の会員となってくださり、台湾旅行に奥様と参加してくださいました。三泊四日台北中心の短いツアーでしたが、一日三食、レストランや小吃店でたっぷりお楽しみ頂きました。「今度旅をする時は、もっと運動できるように旅程に組み入れてください」と、元気なお言葉を頂いた事を覚えています。

二代目の暉昭先生は、奥様の女将と定例会によく出席してくださり、後日お得意のスケッチを加えた玄人肌のメニュー綴りを仕上げて送ってくださいました。知味のつどい十周年を「工業クラブ」で開催した折には、つきぢ田村の料理コーナーを出店してくださり、多くの方に楽しんで頂く事ができました。

三代目の隆先生は、料理だけでなくお話も巧みで、料理の前に三十分ほど興味深い料理講和をお願いした事もありました。若くして逝去なされ、誠に残念でなりません。

三代に渡りご主人様方にご縁を頂き、改めて私のこの人生も長い歩みだと感じます。

藤本憲一先生

中国料理の講師をしていた頃、月に一回特別講義をなさる和食の先生がいらっしゃいました。星が丘茶寮の料理人で北大路魯山人最後の弟子と言われていた藤本憲一先生です。お寺等で和食を教授されていらしたので、私も教室に伺ったのですが、豚の角煮を作る際に脂抜きのための下茹でにプーアル茶を使うなど中国茶の効用を活かした調理等、既に七十歳を超えていらした先生の料理は広角で斬新でした。

そこで中国料理の調理場で和食のコースを作って頂く会を企画しました。当時知味斎で使っていた有田で焼いた青磁の和の大皿に刺身一卓分、一人前ずつ取りやすいポーションにして盛りつけられました。また当時青梗菜は流通し始めたばかりの新顔でしたが、別に炊いたナスと共に、一人一個ずつダイナミックな大皿に盛りつけられました。最後の魚一尾は、鯛の尾頭付きの姿揚げです。三枚おろしした魚肉は、一人一切れずつ瓦型に切ってから揚げ、同じく揚げたお頭と中骨付き尾ひれの上に並べてあります。

どの料理にも和ならではの細やかな配慮と心意気に溢れた、和の大皿会食宴でした。

●野崎洋光師

和でありながら、中国の食の考えを捉えた方でした。

分とく山の広尾店オープン後も「香饗乃集い」でお世話になりましたが、陰陽五行の日本料理で季節料理を、貴重なお話と共にご紹介くださいました。

●村田吉弘大将

赤坂に十九年前に出店された京都「菊乃井」の村田吉弘大将は、日本料理のユネスコ無形文化遺産登録にご尽力くださった事でも有名です。

昼食会を兼ねて中国野菜を使ったおばんざい的な料理教室を開催してくださったり、春夏秋冬のテーマで四季折々の京都の食材をふんだんに使った食事会を開催してくださったり、とてもお世話になりました。

中国野菜は「京都の野菜とよう似てはりますな」と、おっしゃっていました。

私は鮎が好きなので、解禁の五月下旬から九月頃まで、子持ちで小さな鮎等も楽しませて頂きました、寒い冬にはフカヒレの土鍋煮込み等が美味でした。高級乾貨のスープ等も挑戦されるなど、常に研究心が絶える事がないようです。二〇二三年五月のG７広島サミットを担当されましたので、そのお話と共に料理も少し出して頂きました。

益々日本の食文化を世界に広めて頂けますよう、これからも願っています。

●岸朝子先輩

女子栄養大学の（故）岸朝子先輩にも柏の会員になって頂いていました。先輩の故郷である沖縄のツアーを計画した折は「ここに必ず行くと良いですよ」といろいろ教えてくださり、「私も行く！」と、案内役まで務めてくださいました。なんと贅沢な事でしょう。

料理の鉄人での「美味しゅうございます」と厳しくも優しい審査員としても高名な方ですが、後輩の私を助けてくださる本当に優しい大先輩でした。

●新風

思い起こせば平成の三十年間は、中国料理界に新風が押し寄せました。

ホテルでは、総料理長が多く誕生しました。街の中にあるお店では、若い師傅の「モダンチャイニーズ」等オーナーシェフも多く誕生しました。渋谷のセルリアンタワー東急ホテル「スーツァンレストラン陳」の菰田欣也料理長には、老酒と似ているシェリー酒と名菜のマリアージュ等で新たな世界観を披露して頂きました。

日本中国料理協会の会長で鉄人としても活躍なさった陳建一師傅が、残念ながら任期中に逝去なさいました。しかし四川飯店グループは、若き建太郎師傅が代表になられ頑張っていらっしゃいます。陳建一会長の時、予約の取れないレストラン「ラ・ペットラ」の落合務シェフとの仲良し二人組による「中国・伊太利双璧の饗宴」を企画しましたが、その後久しぶりに四川飯店で中秋の「桂月川菜宴」という食事会を開催したところ、建太郎師傅は伝統の四川料理に新しい息吹を与え、一層魅力的な料理を創作なさっていました。これからがとても楽しみです。

日本中国料理協会会長の残された任期は、副会長だった株式会社ｗａｋｉｙａの脇屋友詞オーナーシェフが引き継がれ、全うしてくださる事でしょう。

脇屋会長とは、国産の中国野菜が広まった頃からのお付き合いです。当時、既に立川のリーセントパークホテルで三万円の宴会を開催していた手腕は、目を見張るほどでした。その頃黄山の麓で買った緑茶の緑牡丹が美味しくて食事会に出したいと思っていたところ、脇屋会長が一番先に店で使ってくださる事になり、それが木村商店がその工芸茶を輸入する事に繋がりました。当初から中国茶にも力を入れていて、その人並外れた感覚に驚嘆したものです。

三名の日中協副会長も心強い存在です。

「ホテル雅叙園東京」のエクセレント・エグゼクティブシェフの近藤紳二氏と、山中旅館をリニューアルされ中国料理「古月」のオーナーシェフとなられた山中一男氏は、営養薬膳大師の称号等々数多く受賞されている学者肌の料理人です。またThe Okura Tokyoで梁大師傅の後に総料理長になられた陳龍誠氏は重責を担《にな》いつつご活躍中です。皆様方にも、「香饗乃集い」でお世話になり、素晴らしい宴を作って頂きました。

まだまだ多くの皆様方にお世話になりましたが、書き尽くせません。

皆様に巡り合えた事が何よりの幸せでした。心から感謝申し上げます。

おわりに

中国料理店に求められる事は、年々多岐に渡るようになりました。美味しい料理は当然の事として、お客様に合わせた「接客」や「席次」、言葉を尽くした「料理説明」、ソムリエ等が提案する「ドリンク」等々、あらゆる面でアップデートが必要です。

中国料理自体も、日本料理や西洋料理同様、新たな食材や調理方法を探っています。日本では、中国から食材や調味料等を積極的に取り寄せ、中国本来の調理方法に拘っている店が増えてきました。中国料理と日本料理の融合で高評価を得ている店もあります。上海ではフランス料理の星付き料理人が移住して、中国の食材を使い、現地の人を雇用して、フランス料理と中国料理の融合を試みています。

しかしこのような応用編に取り組むには、中国料理の知識や技術はもとより、中国の風土やそこに住む方達への理解、食材や調味料、香辛料等を生産したり流通したりしてくださる方達への感謝、料理人やサービススタッフに対する敬意等が、まずは人として大切な事だと考えます。

それらを伝える事も年長者である私の責務の一つであると思いこの本を上梓しました。

まずは、私が中国料理の世界を通して多岐に渡りお世話になった皆様に、心から御礼申し上げます。講師や顧問という立場を頂いた事で、中国料理研究家として胸襟を正しながらお仕事をさせて頂く事ができました。

「知味のつどい」「香饗乃集い」でツアーや食事会でご一緒頂いた会員の皆様、美味しい料理をご提供頂いたお店やレストランの方達にも感謝の気持ちでいっぱいです。皆様方のおかげでこの道を進み続ける事ができました。

日本中国料理協会サービス技能支部の皆様には『中国料理飲食服務技法（サービススタッフ教本）』を、中島将耀様には『中国料理のマネージャー』を参考図書として活用させて頂き、諸々を丁寧に確認する事ができました。心から御礼申し上げます。

キクロス出版 山口晴之さんには、マイペースで書ける環境を整えて頂きました。また、コーディネーターの遠山詳胡子さんには、乱筆乱文で書き綴ったものを読む方のために分かりやすく整理して頂きました。本当にありがとうございました。

これからも微力ながらお役に立てるよう、精進して参りたいと存じます。

瀧　満里子

瀧《たき》　満里子《まりこ》

中国料理研究家

「香饗乃集い」代表

女子栄養短期大学食物栄養学科卒業後、栄養士として活躍。その後中国料理教室の講師を務める傍ら、戸板女子短期大学非常勤講師や調理師学校講師として、長年教壇に立つ。

現在は日本中国料理協会サービス技能支部相談役や、全国の中国料理店・ホテルでの顧問やアドバイザーとして、技術指導や料理開発に携わる。

「香饗乃集い」等で、国内外の食事会やツアーを45年以上企画している。

「中国料理食材事典」等、監修多数。

遠山《とおやま》　詳胡子《しょうこ》

「業界の常識は世間の非常識」という意識で、全国のホスピタリティ業界の企業や団体から研修や講演を求められ各階層を対象に指導する傍ら、東洋大学等で非常勤講師や外国人対象セミナー講師として教壇に立つ。

「中国料理のマネージャー」(共著)、「宴会サービスの教科書」「ブライダル接客の教科書」等、ホスピタリティ産業に向けた著書多数。

東洋大学大学院国際地域研究科国際観光学専攻博士前期（修士）修了。

「中国料理」に魅せられて

2024年2月14日　初版発行

著者　瀧　満里子

コーディネーター　遠山詳胡子

発行　株式会社 キクロス出版
〒112-0012　東京都文京区大塚6-37-17-401
TEL.03-3945-4148　FAX.03-3945-4149

発売　株式会社 星雲社（共同出版社・流通責任出版社）
〒112-0005　東京都文京区水道1-3-30
TEL.03-3868-3275　FAX.03-3868-6588

印刷・製本　株式会社 厚徳社

プロデューサー　山口晴之

ISBN978-4-434-33536-5 C0077

農政ジャーナリスト

たにりり 著

A5判 並製・本文376頁／定価2,970円（税込）

地球温暖化やコロナ禍、地政学的リスクなど不確実性の時代を生き抜くヒントは、「稲作とお米」にあった！お米のプロたちへの取材からみえてきたのは、食卓と里山をつなぐサステナブルな視点。そして、稲作二千年の歴史で日本人が培ってきた「日本型SDGs」から、日本の向かうべき方向が浮かび上がる。農家、ＪＡ、農水省・地方自治体、農業ベンチャー、米穀店などコメ・ビジネス、炊飯器メーカー・食品メーカーなどの企業、中学入試問題の出題者など、幅広い事例を収録。

国の都市〉

黒龍江省
哈爾浜
長春
吉林省
内蒙古自治区
遼寧省
承徳
北京市
北京
フフホト
大同
大連
天津
天津市
河北省
大原
山西省
寧夏回族自治区
済南
青島
泰山
山東省
陝西省
鄭州
洛陽
開封
少林寺
江蘇省
西安
河南省
揚州
南京
安徽省
無錫
上海市
蘇州
上海
湖北省
杭州
武漢
黄山
紹興
重慶市
南昌
景徳鎮
浙江省
重慶
張家界
長沙
湖南省
江西省
貴陽
福州
貴州省
景徳鎮
福建省
泉州
台北
台湾
台中
桂林
漳州
廈門
阿里山
広西チワン族自治区
広東省
汕頭
台南
広州
南寧
マカオ
深圳
香港
海口
文昌
海南省
興隆